KB220638

얼라들도 들을 수 있다

얼라들도 들을 수 있다

지은이 | 김영주
펴낸이 | 원성삼
표지·본문 디자인 | 안은숙
펴낸곳 | 예영커뮤니케이션
초판 1쇄 발행 | 2024년 3월 29일
등록일 | 1992년 3월 1일 제 2-1349호
주소 | 03128 서울시 종로구 대학로3길 29, 313호(연지동, 한국교회100주년기념관)
전화 | (02) 766-8931
팩스 | (02) 766-8934
이메일 | jeyoung@chol.com
ISBN 979-11-89887-76-6 (03230)

 # 본서의 본문은 표준새번역, 개역개정, NIV성경(2011)을 사용하였다.

값 14,000원

 모든 인간은 하나님의 형상을 닮은 존귀한 존재입니다. 사람은 인종, 민족, 피부색, 문화, 언어에 관계없이 모두 다 존귀합니다. 예영커뮤니케이션은 이러한 정신에 근거해 모든 인간이 존귀한 삶을 사는 데 필요한 지식과 문화를 예수 그리스도의 사랑으로 보급함으로써 우리가 속한 사회에 기여하고자 합니다.

얼라틀도 들을 수 있다

김영주 지음

예영

추천사

이 책은 "어린이들은 하나님과 신앙적 대화가 가능한가?" "어린이들이 하나님께 기도한다는 것은 무엇일까?"라는 본질적인 물음에 대한 저자의 오랜 고민과 연구의 결과입니다. 어린이 신앙에 관한 많은 연구가 있었지만, 어린이의 하나님 이해와 기도의 가능성에 대해서 진지하게 다룬 책은 드뭅니다. 그런 점에서 이 책은 어린이 신학의 영역에서 중요한 역할을 하리라 기대합니다.

고 원 석 교수
장로회신학대학교 기독교교육학

김영주 박사는 이 책에서 어린이들이 기도할 때 단지 하나님께 필요를 말하는 전통적인 기도 이해보다는, 기도할 때 먼저 하나님의 음성을 듣는 것에 대해 성경적인 가르침과 더불어 현재 어린이들의 경험을 소개하여, 하나님과 깊이 있는 관계를 형성하도록 도움을 준다. 어린이들이 하나님과 함께 걸을 때 기도생활과 말씀을 통해 하나님의 인도하심과 방향을 분별하도록 교육하는 것은 아무리 어리다 할지라도 이르지 않다고 본다. 이 책은 그러한 면에서 우리에게 큰 도전을 줄 것이다.

캐빈 러슨 박사
(전) 탈봇신학교, 바이올라 대학교 기독교교육학 교수
(현) 탈봇신학교, 바이올라 대학교 기독교교육학 겸임교수

19세에 주님을 만나 기도로 교제하며, 왜 이 기쁨을 더 일찍 알지 못했을까 하는 안타까움에 평생 어린이 사역에 헌신한 사역자요, 어린이 영성과 기도를 연구한 학자가 쓴 책입니다. 이 책의 진정성은 저자가 지금도 기도에 쉬지 않고 힘쓰며 어린아이와 같이 주님께 묻고 순종하는 삶을 살아가는 데 있습니다. 그의 기도의 삶이 그의 말이나 글보다 더 크게 울림을 주는 김영주 박사님이 쓴 책이기에 기쁨으로 추천합니다. 이 책을 통해 그리스도의 영이시며 진리의 영이신 성령님께서 우리와 아이들에게 주 앞에 머무르며 그 음성을 듣고 아뢰기를 원하는 갈망을 불일 듯 일으키시기를, 말씀과 기도 가운데 아버지와 그의 아들 예수 그리스도와 더불어 누리는 사귐에 깊이 참여하게 하시기를 소원합니다.

유은희 교수
총신대학교 기독교교육과

이 책은 어른뿐 아니라 어린이들도 기도시간에 하나님의 음성을 들을 수 있으며, 또 하나님의 음성을 들으며 기도해야 한다는 당위성과 필요성에 대하여 연구하고 있다. 폐허가 된 우리나라를 믿음의 선배들이 밤새 울부짖는 기도로 이 나라를 살려냈는데, 오늘날 한국 교회 그리고 지금 우리의 기도생활은 어떠한가? 이 책은 다시 기도의 불씨를 붙여야 한다는 기도 운동이 기도행전을 통하여 곳곳에 일어나고 있는 이때, 다음 세대의 꿈나무인 어린이들도 올바른 기도훈련을 해야 한다는 깊은 깨우침을 주는 책이기에 일독을 권한다.

김 대 성 목사

한국복음단체 대표회장 역임, 민족복음화운동본부 부총재, 기도운동본부 총재
소명중앙교회 담임목사, 연세 총동문회 운영회장

『얼라들도 들을 수 있다』는 아이들을 바라보는 관점과 태도를 새롭게 해주며, 하나님을 알아갈 때 가장 기본이 되는 방법인 기도를 통해, 일방적 독백인 아닌 대화의 기도를 하게 합니다. 아주 오래전부터 어린이들의 신앙 모델이 되고 있는 사무엘처럼, 어린이들이 하나님의 음성을 직접 듣고 그들에게 닥친 당면한 문제들과 고민거리, 신앙적인 어려움들을 헤쳐 나가며, 살아있고 역동적인 신앙생활을 할 수 있음을 밝힌 책입니다.

자녀가 믿음의 공동체 안에서(가정, 교회) 그리고 고유한 자신의 삶에서 생생하게 하나님을 만날 수 있음을 보여주고 안내해주는 귀한 책이라 생각하며, 다음 세대를 위해 기도하는 모든 어른들이 이 책을 읽기를 적극 권합니다.

차 순 이 목사
산성교회 영아부 담당 교역자

김영주 박사는 기독교교육 전문가로서, 또한 현장에서 아이들을 실제로 양육하는 사역자로서 아동 영성 발달에 특별한 관심과 열정을 가진 교육 목회자다. 아동의 영성 개발과 발달에 대한 연구를 계속해 온 필자는 두 가지 질문, 즉 "아이들도 하나님과 영적 관계를 가질 수 있는가?" "아이들도 하나님과 대화로서 기도할 수 있는가?"라는 질문을 이 책을 통해 풀어간다.

필자는 아동들도 성령을 받을 수 있다고 주장하고, 또 영성 발달에 기도는 핵심적인 요소임을 주장한다. 그러므로 기도는 무엇이며, 또 어떻게 해야 하는가? 특히 하나님과의 대화가 일방통행이 아닌 양방통행이어야 한다는 이해가 영성 발달의 기초가 됨을 강조하며, 성경에서 가르치는 기도의 예들, 그리고 본인이 직접 아동 사역을 통해 체험한 대화로서의 기도의 힘을 이해하기 쉽게 설명하였다.

이 책은 자녀를 가진 부모님들, 아동을 가르치는 교회학교 교사들, 그리고 아동은 물론 성인들의 영성 발달에 관심과 책임감을 가진 목회 사역자들이 꼭 읽어야 할 필수 도서라 생각하여 기꺼이 이 책을 추천한다. 아울러 사명감을 갖고 이 책을 집필하신 김영주 박사에게 찬사를 보낸다.

황 마리아나
(전) 링컨크리스천 대학 부교수
(현) 횃불트리니티신학대학원대학교 객원교수

프롤로그

  오랜 세월이 흘렀지만 아직도 내 마음에는 해야 할 사명이 지워지지 않은 것 같아 드디어 연구해 놓았던 것을 『얼라들도 들을 수 있다』라는 제목의 책으로 출간하기로 결심하였다. 그것은 아이들도 기도 중에 하나님의 음성을 들으며 신나게 신앙생활하면서 살 수 있음을 문헌으로 증명하며 그것이 사실임을 보여주는 것이었다.

  이 책은 하나님을 알게 되는 많은 방법이 있겠지만 그중에서도 어렸을 때부터 가장 기본이 되는 방법인 기도가 대화가 아닌 일방적인 독백으로 가르쳐지는 것에 대하여 문제점을 느끼고, 어린이들에게도 독백이 아닌 대화의 기도를 가르치고 대화의 기도를 함으로써 하나님의 음성을 들으며 신앙생활을 할 수 있음을 밝히는 책으로서 교회에서 기독교교육을 담당하는 교역자, 교회학교 교사 그리고 기독교 부모들을 대상으로 하였다.

  이 책은 네 가지 주제로 쓰여졌다.
  대화의 기도가 성경적인가를 파헤치는 성경적 연구, 어린이들이 기도와 하나님에 대한 개념을 어떻게 생각하고 있나를 분석한 학자들의 연구, 현대 어린이들에게 대화의 기도 교육 가능성과 대화의 기도 가능성이 있음을 밝히는 저자의 연구 그리고 필자의 기독교교육의 경험을 Tip을 통해 전달하고 있다. 특별히 9장의 '로버트 콜Robert cole과 필자의 연구'는 지금 이 시대를 살고 있는 어린이들의 생생한 인터뷰를 통하여 가감 없이 어린이가 영적으로 어떤 가능성이 있는 존재인가를 깨닫게 하는 기회가 될 것이다.

이 책이 나오기까지 많은 분들이 도움을 주셨다. 먼저 추천사를 써 주신 고원석 교수님, 황 마리아나 교수님, 힘들 때면 늘 힘과 용기를 북돋워 주셨던 러슨 박사님, 머리에 있던 기도의 개념을 가슴까지 내려오도록 깨우침과 확신을 주셨던 김대성 목사님, 자기 일보다 내 일에 더 관심을 가져 주신 유은희 교수님, 그리고 마음을 다하여 내 책을 사랑해 주신 후배 차순이 목사님, 모두 갚을 수 없는 사랑의 빚을 진 분들께 진심으로 감사의 마음을 전한다. 또한 마음에 오랫동안 품었던 생각들이 세상에 나올 수 있도록 귀한 기회를 주신 예영커뮤니케이션 출판사와 좌충우돌하고 있던 나에게 조곤조곤 많은 조언으로 용기를 주셨던 원성삼 권사님께도 깊은 감사를 드린다.

내 인생의 발자취에는 마지막까지 신앙의 본을 보여주신 어머니 故 구덕신 전도사님을 빼놓을 수가 없다. 어머니의 희생과 말로 표현할 수 없는 진실된 사랑을 또 한 번 이곳에서도 감사를 표하고 싶다.

마지막으로 아무쪼록 이 책을 통하여 내가 사랑하는 교회학교에 새로운 돌파구가 생기기를 간절히 소원하며, 지금까지 인도하셨고 또 인도하실 나의 아버지 하나님께 깊은 감사와 영광을 돌린다.

"하나님, 제가 잘못했습니다." 4대째 믿는 가정에서 태어나 모태에서부터 교회를 다녔던 필자가 처음으로 19년 만에 드린 기도였다. '기도'라는 말은 어렸을 때부터 셀 수 없이 교회나 가정에서 들어왔지만 정작 기도를 하려니 무엇을, 어떻게 하는 것인지 몰랐다. 기도는 하나님께 하는 것이라는데 그냥 내가 하고 싶은 말을 주문 외우듯 주절거리면 되는 것인가? 아니면 뭘 달라고 하는 것인가? 그래서 그 당시 제일 문제가 되고 나를 억누르던 죄의 문제가 생각나 드디어 "제가 잘못했습니다."라고 고백했던 것이 최초로 드린 진실된 기도였다.

그러나 사랑의 하나님께서는 기다렸다는 듯이 그 외마디 같은 기도에도 나에게 성령을 통하여 하나님의 존재와 영생이 있음을 깨닫게 해 주셨다. 그날 이후 나의 삶은 180도 변화되어 하나님을 갈망하는 영적인 여정이 시작되었다. 그중 나에게 가장 강렬하게 부딪쳐 온 질문은 19년이 되도록 모태에서부터 교회에 다녔음에도, 불구하고 왜 24시간 함께하시는 하나님(성령)의 존재를 모르고 그토록 좋으신 하나님과 대화하며 행복하게 살지 못하고 귀중한 19년을 허송세월했나. 하는 것이었다. 그 이후에 나는 꼬리를 무는 신앙에 대한 질문들에 대해 연구하기 시작하였다.

이 책에
담고 있는 질문들

이 책의 기본적인 질문은 "어린이들도 성령을 받을 수 있는가?"라는 질문과 "어린이들도 대화의 기도가 가능한가?"라는 질문이다. 기도가 뭘 달라고만 하는 일방적인 기도라면, 요즘같이 모든 것이 풍요한 이때, 뭘 달라고 해야 될 필요성이 없는 사람은 기도할 필요가 없는 것인가? 만일 그렇지 않다면 성경이 말하는 올바른 기도란 무엇인가? 어린이들이 지금까지 배우고, 가지고 있는 기도의 개념과 어린이들이 알고 있는 하나님의 개념은 무엇인가? 대화의 기도를 가능하게 하는 하나님의 성품과 응답 방법, 그리고 기도 시간에 성령의 역할은 무엇인가? 대화의 기도를 실천하였던 인물들이 성경에 실제로 존재하는가? 존재한다면 그러한 기도는 오늘날도 가능하며, 어린이들에게도 가능한가? 라는 질문을 다루고 있다.

왜 이런 질문들을
하게 되었나?

트리니티 신학교의 조직신학자인 그루뎀Grudem에 의하면, "하나님
을 아는 것은 그를 만나고 그와 이야기하며 적어도 그와 개인적인
관계를 맺는 것을 의미한다."고 했다.[2] 이러한 하나님을 아는 방법에
대하여 성경[3]에서는, 성경을 읽는 것(딤후 3:16),[4] 하나님이 만들어 놓
으신 우주를 보는 것(롬 1:19-20),[5] 기도하는 것(잠 8:17)[6] 등을 말하
고 있다. 그런데 이 방법들 중에 어린이들이 하나님을 알게 되고 영
적인 면들을 접하게 되는 최초의 방법은 엄마, 아빠 그리고 할머니,
할아버지를 따라 하던 기도라고 말할 수 있다.[7] 실제로 어린이를 대
상으로 연구한 알렌Allen은 인터뷰를 통해서 "기도를 통해서 많은 어
린이들이 하나님을 알았다."라고 했다.[8] 이러한 점에서 기도는 특히
어린이들에게 하나님을 개인적으로 알아가는 중요한 방법이 된다고
볼 수 있다.

그러나 과연 우리는 어린 시절의 기도 생활을 통하여 얼마나 하나님을 알 수 있었는가? 우리는 뭔가 필요할 때 하나님께 구하면 주신다는 그 하나님께 기도하여 무엇을 얼마나 얻었으며, 그 결과로 얼마나 하나님이 나를 사랑하시며, 나의 기도를 들어주는 분임을 체험하였는가? 기도하면 주시겠다던 하나님은 언제나 내 기도를 들으시고 또 구하는 대로 다 주셨는가? 우리는 이러한 질문에 대해 솔직하게 답변을 해야 할 것이다. 오히려 내가 구한 대로 주시지 않아서 하나님에 대한 신뢰가 무너졌던 경험이 있었음을 고백해야 할 것이다.[9]

어떤 지인은 믿는 가정에서 태어나 교회학교에 다니며 신앙생활을 하던 중 선생님을 통하여 하나님은 우리가 구하는 것을 주시는 분이라는 것을 배웠다. 공이 처음으로 우리나라에 소개되었을 당시 어느 날 그가 가지고 놀던 공[10]이 못에 찔려 터지게 되었을 때, 너무 마음이 아파서 그는 간절히 하나님께 간구하였다고 한다. 눈을 꼭 감고 손을 모으고 온 정성을 다하여 우리의 기도를 들어주시는 하나님께 공이 다시 부풀어 오르기를 기도한 후 너무 두려워 두 눈을 한꺼번에 뜨지도 못하고 한쪽 눈만 살짝 뜨고 공이 다시 살아나기를 기대했건만 공은 쭈그러진 그대로 전혀 살아나지 않았다는 것이다. 그 이후로 그는 절대로 하나님이 우리 기도를 들어주는 분임을 믿지 않았다는 것이다.

이러한 일들은 안타깝게도 우리의 기독교교육 현장에서 만나게 되는 어린이들의 고백일 것이며, 또한 기독교교육 학자인 브라운Brown

과 힐리아드Hilliard의 연구에 의해서도 밝혀진 사실이다. 어린이들이 어렸을 때부터 엄마, 아빠와 함께하며 하나님을 알아가는 도구로 사용하였던 기도가 성장해가면서는 그 기도의 효과에 대하여 믿지 않는 경향이 나타난다고 한다. 브라운은 자아중심적인 시기를 벗어날 즈음 그들이 기도해야 하는 것은 옳다고 생각하지만 그 기도가 꼭 이루어질 것이라고는 기대하지 않는다고 하며,[11] 힐리아드도 그들이 성장하면서 13세 정도부터 기도가 응답되리라는 믿음을 상실해 간다고 했다.[12]

이러한 현상과 연구 결과들을 보며 필자는 그 원인이 무엇이며, 문제를 해결할 수 있는 방법이 무엇인지에 대해 질문하게 되었다.

목 차

. . .

얼 라 들 도 들 을 수 있 다

PART
1

기 도

기도의 정의

성경에 나타난 '기도'라는 단어는 여러 가지 의미가 있는데, 예배하다, 찬양하다, 감사하다, 동경하다, 헌신하다, 교제하다, 간구 혹은 청원하다, 고백하다, 중보하다로 이중 리펠트Liefeld는 '하나님과의 교제'를 기도의 가장 핵심적인 요소로 보았다.[13] 그루뎀Grudem도 기도를 '하나님과의 개인적인 대화'로 정의했는데 이는 기도는 대화로 일방통행이 아닌 양방통행의 의미를 포함하는 것을 볼 수 있다.[14] 존 번연John Bunyan은 또한 로마서 8장 26절[15]을 인용하여 주장하기를, 기도할 때에 성령의 도움 없이는 인간은 아무것도 할 수 없다고 말한 것을 명백히 이해하여야 한다고 했다.[16]

그러므로 기도는 하나님과의 교제이며 대화로 성령의 힘과 도움을 받아 하나님께 말할 뿐 아니라 하나님의 음성을 듣는 것이라고 정의할 수 있다.

기도의 근거와 목적

　기도를 드릴 수 있는 근거는 무엇이며, 기도의 목적은 무엇인가? 성경에 나타난 기도의 근거는 자연 속에 나타난 계시와 하나님의 속성에 있으며(시 9:10).[17] 하나님의 초청에 대한 응답이다. 다시 말해, 기도는 하나님에게서 시작된 것이지 사람에게서 시작된 것이 아닌 것이다. 기도를 바라는 분은 하나님이신 것이다(요일 4:19).[18]

　그렇다면 기도의 목적은 무엇인가? 사람들에게 복을 주는 것이라기보다 하나님께 영광을 돌리는 것이다. 그러나 하나님을 먼저 공경하며, 영광을 돌리는 것은 결과적으로 사람들에게 복이 되는 것이라고 마태복음 6장 33절에서 말씀하고 있다. "먼저 그의 나라와 그의 의를 구하라 그리하면 이 모든 것을 너희에게 더하시리라."[19]

PART
2

성경에는
하나님과 대화의 기도를 한
인물들이 있었을까?

모 세

출애굽기 33장 12-17절은 모세와 하나님과의 대화 장면이다.[20]

12 모세가 주께 아뢰었다. "보십시오. 주께서 저에게 이 백성을 저 땅
    으로 이끌고 올라가라고 말씀하셨습니다. 그러나 주께서 누구를
    저와 함께 보내실지는 저에게 일러주지 않으셨습니다. 주께서는
    저에게, 저를 이름으로 불러 주실 만큼 저를 잘 아시며, 저에게 큰
    은총을 베푸신다고 말씀하셨습니다.

13 그러시다면, 제가 주를 섬기며, 계속하여 주님께 은총을 받을 수
    있도록, 부디 저에게 주의 계획을 가르쳐 주십시오. 주께서 이 백
    성을 주의 백성으로 선택하셨음을 기억하시기 바랍니다."

14 주께서 대답하셨다. "내가 친히 너와 함께 가겠다. 그리하여 네가
    안전하게 하겠다."

15 모세가 주께 아뢰었다. "주께서 친히 우리와 함께 가지 않으시려
    면, 우리를 이곳에서 떠나 올려 보내지 마십시오.

16 주께서 우리와 함께 가지 않으시면, 주께서 주의 백성이나 저를

좋아하신다는 것을, 사람들이 어떻게 알 수 있겠습니까? 주께서
우리와 함께 계시므로, 저 자신과 주의 백성이 땅 위에 있는 모든
백성과 구별되는 것이 아닙니까?"

17 주께서 모세에게 말씀하셨다. "내가 너를 잘 알고, 또 너에게 은총
을 베풀어서, 네가 요청한 이 모든 것을 다 들어주마."

(출 33:12-17)

이 본문은 모세와 하나님과의 대화 장면으로 모세는 하나님께 말
할 뿐 아니라 듣는 선지자였음을 알 수 있다.

아브라함

22 그 사람들은 거기에서 떠나서 소돔으로 갔으나, 아브라함은 주 앞
   에 그대로 서 있었다.

23 아브라함이 주께 가까이 가서 아뢰었다. "주께서 의인을 기어이
   악인과 함께 쓸어 버리시렵니까?

24 그 성 안에 의인이 쉰 명이 있으면, 어떻게 하시겠습니까? 그래도
   주께서는 그 성을 기어이 쓸어 버리시렵니까? 의인 쉰 명을 보시
   고서도, 그 성을 용서하지 않으시렵니까?

25 그처럼 의인을 악인과 함께 죽게 하시는 것은, 주께서 하실 일이
   아닙니다. 의인을 악인과 똑같이 보시는 것도, 주께서 하실 일이
   아닌 줄 압니다. 세상을 심판하시는 분께서는 공정하게 판단하셔
   야 하지 않겠습니까?"

26 주께서 대답하셨다. "소돔 성에서 내가 의인 쉰 명만을 찾을 수 있
   으면, 그들을 보아서라도 그 성 전체를 용서하겠다."

27 아브라함이 다시 아뢰었다. "티끌이나 재밖에 안 되는 주제에, 제
   가 주께 감히 아룁니다.

28 의인이 쉰 명에서 다섯이 모자란다고 하면, 어떻게 하시겠습니까? 다섯이 모자란다고, 성 전체를 다 멸하시겠습니까?" 주께서 대답하셨다. "내가 거기에서 마흔다섯 명만 찾아도, 그 성을 멸하지 않겠다."

29 아브라함이 다시 한번 주께 아뢰었다. "거기에서 마흔 명만 찾으시면, 어떻게 하시겠습니까?" 주께서 대답하셨다. "그 마흔 명을 보아서, 내가 그 성을 멸하지 않겠다."

30 아브라함이 또 아뢰었다. "주님! 노하지 마시고, 제가 말씀드리는 것을 허락하여 주시기 바랍니다. 거기에서 서른 명만 찾으시면, 어떻게 하시겠습니까?" 주께서 대답하셨다. "거기에서 서른 명만 찾아도, 내가 그 성을 멸하지 않겠다."

31 아브라함이 다시 아뢰었다. "감히 주께 아룁니다. 거기에서 스무 명만 찾으시면, 어떻게 하시겠습니까?" 주께서 대답하셨다. "스무 명을 보아서라도, 내가 그 성을 멸하지 않겠다."

32 아브라함이 또 아뢰었다. "주님! 노하지 마시고, 제가 한 번만 더 말씀드리게 허락하여 주시기 바랍니다. 거기에서 열 명만 찾으시면, 어떻게 하시겠습니까?" 주께서 대답하셨다. "열 명을 보아서라도, 내가 그 성을 멸하지 않겠다."

33 주께서는 아브라함과 말씀을 마치신 뒤에 곧 가시고, 아브라함도 자기가 사는 곳으로 돌아갔다.

(창 18:22-33)

그리핀Griffin은 "이 본문은 아브라함과 하나님이 매우 깊은 관계를 갖고 있음을 나타낸 구절로 아브라함이 구체적으로 어떤 내용으로 기도를 했는지 나타내 주는데, 성경은 가끔 하나님을 묘사할 때 하나님이 우리와 어떻게 대화하시는지를 통해 나타내곤 한다."[21]라고 말한다. 이 구절은 아브라함이 소돔을 구하기 위한 조건이 무엇인가에 대하여 솔직히 터놓고 하나님과 대화한 구절이라고 하였다.

베드로

9   이튿날 그들이 길을 가다가, 욥바 가까이에 이르렀는데, 그때에 베
드로는 기도하려고 지붕으로 올라가 있었다. 때는 오정쯤이었다.

10   그는 배가 고파서, 무엇을 좀 먹고 싶은 생각이 들었다. 사람들이
음식을 장만하는 동안에, 베드로는 무아지경으로 빠져 들어갔다.

11   그는, 하늘이 열리고, 큰 보자기 같은 그릇이 네 귀퉁이에 끈이 달
려서 땅으로 내려오는 것을 보았다.

12   그 속에는 네 발 달린 온갖 짐승들과 땅에 기어다니는 것들과 공
중의 새들이 골고루 들어 있었다.

13   그때에 "베드로야, 일어나서 잡아 먹어라." 하는 음성이 들려 왔다.

14   베드로가 대답하였다. "주님 절대로 그럴 수 없습니다. 저는 속되
고 부정한 것은 한 번도 먹은 일이 없습니다."

15   두 번째로 음성이 다시 들려 왔다. "하나님께서 깨끗하게 하신 것
을 속되다고 하지 말아라."

16   이런 일이 세 번 있은 뒤에, 그 그릇은 갑자기 하늘로 들려 올라갔다.

(행 10:9-16)

이 본문에서 베드로는 기도 시간에 하나님 앞에 나아가 대화하였다. 우리는 베드로가 '주님'이라고 부른 것은 그가 그 음성이 하나님의 음성임을 인식하고 있었음을 추측할 수 있으며 그것은 그가 기도하는 동안 하나님과 대화하였음을 나타낸다.[22]

바울

8 나는 이것을 두고 이것이 내게서 떠나게 해달라고 세 번이나 주님께 간구하였습니다.

9 그러나 주께서는 "내 은혜가 네게 족하다. 내 능력은 약한 데에서 완전하게 된다." 하고 말씀하셨습니다. 그러므로 그리스도의 능력이 내게 머무르게 하려고, 나는 더욱더 기쁜 마음으로 내 약점들을 자랑하려고 합니다.

(고후 12:8-9)

바울은 이 본문에서 기도할 때 확실히 하나님의 음성을 듣고 하나님께 질문했음을 보여주고 있다. 하나님은 바울이 요구한 몸에 있는 가시를 제거하지는 않으셨지만 그에게 그것을 이길 수 있는 충분한 은혜를 준다고 말씀하셨고 바울은 그 말씀을 듣고 믿었기에 그의 고통을 잘 참을 수 있었던 것이다.[23]

사무엘 - 어린이의 예

3 사무엘은 하나님의 궤가 있는 주의 성전에서 잠자리에 누워 있었다. 이른 새벽, 하나님의 등불이 아직 환하게 밝혀져 있을 때에,

4 주께서 "사무엘아, 사무엘아!" 하고 부르셨다. 그는 "제가 여기 있습니다." 하고 대답하고서,

5 곧 엘리에게 달려가서 "부르셨습니까? 제가 여기 왔습니다." 하고 말하였다. 그러나 엘리는 "나는 너를 부르지 않았다. 도로 가서 누워라." 하고 말하였다. 사무엘이 다시 가서 누웠다.

6 주께서 다시 "사무엘아!" 하고 부르셨다. 사무엘이 일어나 엘리에게 가서 "부르셨습니까? 제가 여기 왔습니다." 하고 말하였다. 그러나 엘리는 "얘야, 나는 너를 부르지 않았다. 도로 가서 누워라." 하고 말하였다.

7 이때까지 사무엘은 주를 알지 못하였고, 주의 말씀이 그에게 나타난 적도 없었다.

8 주께서 사무엘을 세 번째 부르셨다. 사무엘이 일어나 엘리에게 가서 "부르셨습니까? 제가 여기 왔습니다." 하고 말하였다. 그제야

엘리는, 주께서 그 소년을 부르신다는 것을 깨닫고,

9 사무엘에게 일러주었다. "가서 누워 있거라. 누가 너를 부르거든 '주님, 말씀하십시오. 주의 종이 듣고 있습니다.' 하고 대답하여라." 사무엘이 자리로 돌아가서 누웠다.

10 그런 뒤에 주께서 다시 찾아와 곁에 서서, 조금 전처럼 "사무엘아, 사무엘아!" 하고 부르셨다. 사무엘은 "말씀하십시오. 주님의 종이 듣고 있습니다." 하고 대답하였다.

(삼상 3:3-10)

유대인 역사학자 요세푸스Josephus는 사무엘이 하나님으로부터 부르심을 받았을 때의 나이가 12세였다고 하였다. 유대교 전통에 의하면 성인이 되는 의식인 바르 미츠바bar mitzvah(유대교 성인식)는 12세 때 행해졌다.[24]

사무엘은 열두 살밖에 안된 소년이었지만 하나님과 실제로 대화했음을 이 본문에서 볼 수 있다. 이 대화는 하나님과 사무엘의 첫 번째 대화였으며, 하나님은 그에게 자신을 계속적으로 계시하셨고 그와 지속적으로 대화한 것을 볼 수 있다.[25]

대화의 기도를
가능하게 하는 하나님 성품

어린이들이 대화의 기도를 하려면 하나님이 어떤 분인지 분명한 개념을 가지고 있어야 한다. 하나님이 인간과 같이 내가 말을 하면 다시 나에게 말을 하는 그런 존재인지, 다시 말해 대화를 할 수 있는 분인지를 알아야 대화를 시도하기 때문이다. 그러므로 하나님이 말을 하시는 분인지, 말을 하시는 분이라면 어떤 방법으로 말을 하시는 분인지를 알아야 하는 것은 대화의 기도 교육에 중요한 요소가 될 수 있다. 그러면 어린이들이 대화의 기도를 하기 위하여 알아야 하는 성경에 나타난 하나님은 어떤 분인지 먼저 알아보도록 하자.

전지성

기도는 하나님의 전지성에 기초되어 있다. 전지성이란 하나님은 모든 것을 알고 계신다는 뜻이다. 기도란 사람들과의 대화와는 다른데 그것은 인간과의 대화는 제한성이 있고 하나님과의 대화는 제한성이 없다는 것이다. 어떤 언어, 혹은 어떤 장소나 상황에서도 하나님께서 들으실 수 있고 이해할 수 있음을 전제로 한다. 지구의 끝에서(시 61:2),[26] 하늘에서도(대하 6:18, 21),[27] 포로로 잡혀간 땅에서도(대하 6:34, 38),[28] 골방에서도(마 6:6)[29] 들으실 수 있다.[30]

전능성

　기도는 하나님의 전능성에 기반을 두고 있다. 전능성이란 하나님은 모든 것을 할 수 있다는 뜻이다. 기도할 때 인간의 제한적인 실행 능력과는 판이하게 다른 하나님의 능력을 보게 된다. 다시 말해, 하나님은 우리가 구하는 모든 것을 들어 줄 능력이 있으시다는 것이다. 다윗은 시편 146편 3-6절에서, "귀인들을 의지하지 말며 도울 힘이 없는 인생도 의지하지 말지니… 여호와 자기 하나님에게 자기의 소망을 두는 자는 복이 있도다."라고 말하고 있으며, 또한 누가복음 1장 37절의 "대저 하나님의 모든 말씀은 능하지 못하심이 없느니라."라는 말씀은 "하나님께는 불가능한 것이 없다."라는 하나님의 속성에 기반을 두고 있다.

주권성

기도는 모든 일에 궁극적인 주권을 가지고 계시는 분은 하나님이라고 인정하는 것 위에 세워진다. 이 개념은 인간은 일어나는 모든 일에 단지 두 번째 원인만이 될 수 있다는 개념을 내포하고 있다. 하나님께서 이 세상의 모든 일을 주관하고 계신다는 것은 모든 상황 가운데 감사를 드리라는 권면뿐 아니라(살전 5:18)[31] 간구와도 연관성이 있는데, 다시 말해, 기도하는 것은 하나님을 우리의 여정 가운데 우리의 갈길을 주관하시는 분으로(롬 1:9-10)[32] 또한 성화의 과정도 주관하고 계시는 분으로(빌 1:9-10),[33] 또한 우리에게 일용할 양식을 주시는 분으로(마 6:30-33)[34] 인정하기에 가능한 것이다.

또 하나 하나님의 주권성의 특징은 기도할 때 하나님을 가장 최고의 법률가와 판사로 인정하는 것으로, 예를 들어 시편 33편 4-5절에는, "하나님의 말씀은 바르고 진실되며, 또한 그는 그의 행함에 있어서 신실하시다. 주는 의를 사랑하시며 정의로우시고, 온 땅은 그의 완벽한 사랑으로 가득 차 있다."라고 기록된 말씀에 기반을 두고 있다.[35]

인격성

성경은 하나님의 인격에 대하여 기록하고 있다. 첫째, 하나님은 그 자신의 이름을 가르쳐 주셨다. 모세가 "너를 보낸 분의 이름이 무엇이냐고 사람들이 물을 때 무엇이라고 대답할까요?"라고 물었을 때, 하나님께서는 "나는 나이다."라고 그에게 말씀하셨다Yahweh, Jehovah, the Lord(출 3:14). 현대 사회에서는 숫자 하나로 이름의 역할을 대신하기도 하지만 히브리 사회에서 사람의 이름은 이름이 지니고 있는 인격체가 육체화된 것이라고 간주했다. 그러므로 이 이름을 통하여 하나님은 어떤 추상적이고 알지 못하는 존재 혹은 이름이 없는 어떤 힘이 아닌 그가 인격체인 것을 나타내셨다.

둘째, 하나님의 인격은 그의 활동에 나타났다. "그는 우리와 인격적으로 관계를 맺으시고, 우리도 그와 인격적으로 관계를 가질 수 있다. 우리는 그에게 기도하고, 예배하며, 순종하고, 사랑하며, 그는 우리에게 말씀하시고 우리를 기뻐하시며 사랑하신다."[36] 창세기에서는 하나님께서 직접 아담과 하와에게 오셔서 규칙적으로 말씀하신 것으로 나타났는데(창 3:8-10),[37] 그것은 하나님께서 사람들과 관계를 맺는 인격체이심을 가르쳐 주는 것이다. 하나님은 앎, 느낌, 의지, 행동 등 인격체와 연관된 모든 능력들을 지니고 계신다. 이러한 하나님의 속성, 즉 서로 상호 관계를 맺으며, 사랑하고, 말하고, 들으며, 기뻐하고, 느끼는 것 등은 우리로 하여금 기도할 때 하나님과의 대화를 가능하게 하여 우리가 하나님께 말할 뿐 아니라 하나님께서도 우리에게 말을 하시기에 우리가 들을 수 있다는 전제를 가능하게 한다.

PART
4

구약 시대에
대화의 기도를 했던
그 사건은
오늘날도 가능한가?

구약 시대의 성령과 현대의 성령

28 그런 다음에, 내가 모든 사람에게 나의 영을 부어 주겠다. 너희의
    아들딸은 예언을 하고, 노인들은 꿈을 꾸고, 젊은이들은 환상을 볼
    것이다.

29 그때가 되면, 종들에게까지도 남녀를 가리지 않고 나의 영을 부어
    주겠다.

    (욜 2:28-29)

17 하나님께서 말씀하셨다. 마지막 날에, 나는 내 영을 모든 사람에게
    부어 주겠다. 아들과 딸들은 예언을 하고, 젊은이들은 환상을 보
    고, 나이든 사람들은 꿈을 꿀 것이다.

18 그날에 나는 내 영을 내 남종과 여종에게 부어 주겠으니, 그들도
    예언을 할 것이다.

    (행 2:17-18)

구약 시대에 성령은 소수의 사람들과 드물게 소통하였기에 요엘

시대에는 성령의 임재가 유대 나라의 특별한 선지자나 왕들에게 제한되었다. 그러나 하나님께서 요엘 선지자를 통하여 모든 사람이 성령을 받을 시대가 올 것이라 했으며, 모든 민족들, 모든 믿는 자에게 성령을 보내시겠다고 하셨다(행 2:33[38], 10:35[39]).

'그런 다음에'라는 단어는 사도행전 2장 17절에 베드로에 의하여 "마지막 날에"라는 말로 다시 쓰여졌으며, 베드로는 이 약속을 단지 사도 시대로 국한하지 않고 먼 데 있는 사람, 즉 우리 주 하나님이 부르시는 모든 사람들이라고 하였다.[40]

패터슨Patterson은 '모든 사람에게'를 설명하기를, 성령의 능력을 동반한 사도들의 설교는 요엘이 이미 예언했던 것의 증거였고, 이것은 또한 예수님께서 성령을 보내시겠다고 약속하셨던 것의 증거였기에 (눅 24:49[41]; 요 14:16-18[42], 15:26-27[43], 16:7-15[44]; 행 1:4-5, 8[45], 2:33[46]), 우리는 성령의 부으심은 오순절 사건을 통하여 이스라엘 사람뿐 아니라 모든 민족에게 확대된 것임을 확인할 수 있다고 한다.[47]

'shaphak'(쏟아 붓다, pour out)는 하나님의 영의 부으심을 표현하는 데 쓰였는데, 많은 양의 비가 모든 육체와 모든 사람에게 풍부하게 제공되듯이 쏟아 부어진다는 뜻으로 사용되었다.[48]

그러므로 현대에도 구약 시대의 모세와 사무엘과 같이 우리가 기도할 때에 우리에게 말씀하시는 성령을 모든 믿는 자들은 풍부하게 받을 수 있다고 성경은 약속하고 있다.

현대의 어린이들도 성령을 받을 수 있나?

28 "그런 다음에, 내가 모든 사람에게 나의 영을 부어 주겠다. 너희의 아들딸은 예언을 하고, 노인들은 꿈을 꾸고, 젊은이들은 환상을 볼 것이다.

29 그때가 되면, 종들에게까지도 남녀를 가리지 않고 나의 영을 부어 주겠다.

(욜 2:28-29)

38 베드로가 대답하였다. "회개하십시오. 그리고 여러분은 각각 예수 그리스도의 이름으로 세례를 받고, 죄의 용서함을 받으십시오. 그러면 성령을 선물로 받을 것입니다.

39 이 약속은 여러분과 여러분의 자녀와 또 멀리 떨어져 있는 모든 사람들, 곧 주 우리 하나님께서 부르시는 사람 모두에게 주신 것입니다."

(행 2:38-39)

38 Peter replied, "Repent and be baptized, every one of you,
in the name of Jesus Christ for the forgiveness of your
sins. And you will receive the gift of the Holy Spirit.

39 The promise is for you and your children and for all who
are far off—for all whom the Lord our God will call."
(Acts 2:38-39)

사도행전 2장에서, 베드로는 설교하면서 요엘의 예언을 인용하였다. 요엘은 성령이 너희 아들딸, 노인, 젊은이, 종들 등 모든 육체에게 성령을 부어 주신다고 예언하였는데, 이 구절을 인용한 사도행전 2장 39절에서는 자녀를 '어린이'children라는 단어를 사용하였다.

39절의 '어린이'는 헬라어 성경에는 'τέκνοις, 나이가 적은 어린이'[49]라고 Analytical Lexicon to the Greek New Testament에 번역되었다.[50]

그러면 이 어린이들의 나이는 얼마나 될까? 구체적인 나이를 꼬집어 규정하기는 어렵지만 사도행전 2장과 요엘 2장의 배경으로 보아 어린이들은 구원을 받기 위해 어떻게 회개하며 어떻게 주의 이름을 부를지 아는 나이여야 할 것이다. 이러한 논리하에 사무엘의 예를 따라 12세 정도 되면, 물론 그 이하의 어린이들도 가능하겠지만, 충분히 성령으로 충만하고 하나님과 대화할 수 있다고 결론지을 수 있을 것이다.

얼 라 들 도 들 을 수 있 다

PART
5

응답 받는
기도의 신학

지금까지 우리는 기도가 하나님과의 대화, 즉 일방통행이 아닌 양방통행이라는 성서적 근거를 살펴보았다. 이제 여기에서는 기도의 가장 마지막 목표인 응답이 어떻게 나타나는지 살펴보기로 하자.

E.M. 바운즈는 기도가 응답된다는 것은 하나님께서 살아 계시며, 그의 창조물에 관심을 갖고 계시며, 기도하는 자녀들의 기도를 듣고 계신다는 증거이며, 기도가 응답[51] 되는 것보다 하나님이 살아 계시다는 증거를 더할 수 있는 것은 없다고 하였다. [52]

하나님은 언제 응답하시는가?

기도를 들으신 후 오래 있다가

첫째로, 여기에서 구분해야 할 것은 '하나님께서 들으심'과 '응답하심'[53]의 차이점이다. 하나님께서 기도를 들으신 후 응답이 며칠 혹은 몇 년 뒤에 온 경우이다. 다니엘의 기도(단 10:12-14)[54]는 응답되기 21일 전에 하나님께서 들으신 것을 알 수 있다. 아브라함 역시 하나님께서 기도를 들으신 후 오래 있다가 그 기도가 이루어진 경우이다(창 18:10).[55]

기도를 끝내자마자

하나님의 응답이 기도가 끝나자마자 임하는 경우도 있다. 예를 들면, 엘리야와 바알 선지자 이야기다.

페터슨Patterson은 열왕기상 18장 36-38절[56]을 다음과 같이 주석하였다. 나무가 불에 타기에는 전혀 희망이 없어 보였던 바로 그 순간에, 엘리야는 하나님 앞에 나아갔다(36절). 하나님께서는 번쩍이는 불을 내려서 그의 기도에 응답하셨다. 하늘에서 불이 내려 나무와 모든 번제물뿐 아니라 돌, 흙 그리고 그 주위의 물까지 모두 태워버렸다(38절). 얼마나 대조적인 일인가! 바알의 선지자들은 반나절을 통곡하며 광란의 의식을 가졌지만 아무런 반응을 보지 못했다. 그러나 엘리야의 간구는 1분도 안 되었지만 어마어마한 결과를 초래하였다. 그 차이는 하나님이라고 불려지는 분께 있었다.[57]

기도 중간에

하나님이 기도 중간에 응답하시는 것을 볼 수 있다.[58]
아브라함의 경우이다. 창세기 18장 22-33절에 이르기를,

22 그 사람들은 거기에서 떠나서 소돔으로 갔으나, 아브라함은 주 앞에 그대로 서 있었다.

23 아브라함이 주께 가까이 가서 아뢰었다. "주께서 의인을 기어이 악인과 함께 쓸어 버리시렵니까?

24 그 성 안에 의인이 쉰 명이 있으면, 어떻게 하시겠습니까? 그래도 주께서는 그 성을 기어이 쓸어 버리시렵니까? 의인 쉰 명을 보시고서도, 그 성을 용서하지 않으시렵니까?

25 그처럼 의인을 악인과 함께 죽게 하시는 것은, 주께서 하실 일이

아닙니다. 의인을 악인과 똑같이 보시는 것도, 주께서 하실 일이 아닌 줄 압니다. 세상을 심판하시는 분께서는 공정하게 판단하셔야 하지 않겠습니까?"

26 주께서 대답하셨다. "소돔 성에서 내가 의인 쉰 명만을 찾을 수 있으면, 그들을 보아서라도 그 성 전체를 용서하겠다."

27 아브라함이 다시 아뢰었다. "티끌이나 재밖에 안 되는 주제에, 제가 주께 감히 아룁니다.

28 의인이 쉰 명에서 다섯이 모자란다고 하면, 어떻게 하시겠습니까? 다섯이 모자란다고, 성 전체를 다 멸하시겠습니까?" 주께서 대답하셨다. "내가 거기에서 마흔다섯 명만 찾아도, 그 성을 멸하지 않겠다."

29 아브라함이 다시 한 번 주께 아뢰었다. "거기에서 마흔 명만 찾으시면, 어떻게 하시겠습니까?" 주께서 대답하셨다. "그 마흔 명을 보아서, 내가 그 성을 멸하지 않겠다."

30 아브라함이 또 아뢰었다. "주님! 노하지 마시고, 제가 말씀드리는 것을 허락하여 주시기 바랍니다. 거기에서 서른 명만 찾으시면, 어떻게 하시겠습니까?" 주께서 대답하셨다. "거기에서 서른 명만 찾아도, 내가 그 성을 멸하지 않겠다."

31 아브라함이 다시 아뢰었다. "감히 주께 아룁니다. 거기에서 스무 명만 찾으시면, 어떻게 하시겠습니까?" 주께서 대답하셨다. "스무 명을 보아서라도, 내가 그 성을 멸하지 않겠다."

32 아브라함이 또 아뢰었다. "주님! 노하지 마시고, 제가 한 번만 더 말씀드리게 허락하여 주시기 바랍니다. 거기에서 열 명만 찾으시

면, 어떻게 하시겠습니까?" 주께서 대답하셨다. "열 명을 보아서
라도, 내가 그 성을 멸하지 않겠다."

33 주께서는 아브라함과 말씀을 마치신 뒤에 곧 가시고, 아브라함도
자기가 사는 곳으로 돌아갔다.

(창 18:22-33)

위의 본문에서 보듯이, 아브라함은 소돔을 구원하기 위하여 하나
님과 대화(듣고 즉시 대답)하는 것을 볼 수 있다. 이 책에서 말하는 주
제, 즉 대화다. 다시 말해 기도 중에 응답(말로 대답하시는 것)하시는 것
을 말하는 것이다.

하나님은 어떤 방법으로 응답하시는가?

기도하는 사람들의 협력을 통하여

하나님은 기도하는 사람, 즉 기도하는 자신을 통하여 응답하신다. 스미스Smith는 추기경 뉴먼Newman의 말을 인용하여 이렇게 말한다. "기도는 하늘에 계신 하나님을 부르는 것이 아니라 내 안에 계신 하나님을 부르는 것이다." 다시 말해, "하나님은 주로 수단들을 통하여 일을 하시는데 자주 사용하시는 수단은 바로 너 자신이다." 예를 들어, 만일 건강을 위해 기도한다면 그는 강건하게 잘 지내도록 모든 수단을 다 사용해야 한다. 그러므로 진실한 기도는 간절한 기대가 표출되고 하나님을 한 팀으로 우리의 간구하는 목적이 이루어지도록 우리 자신을 드릴 때 이루어지는 것이다. "만일 하나님께서 우리 삶의 최전선에서 우리를 인도하신다면 그는 우리가 맨 뒤에서 그가 가는 대로 따라오기를 원하신다."[59]

하나님은 가끔 다른 사람들의 협력을 통하여 기도에 응답하시며 또한 과학의 발명이나 친구들의 봉사를 통해서도 응답하신다. 예를 들어, 어떤 자선가가 폭풍으로 인한 피해자들에게 기부금을 냈다면 그는 내적으로 무엇인가 갈망하는 것이 있어서 그렇게 한 것인데, 그 갈망은 기도하는 사람의 울부짖음으로 인하여 하나님이 그의 마음을 움직이신 것이다. 그 사람은 처음에는 소극적이었으나 나중에는 적극성을 띠는데, 소극적이라는 것은 단지 하나님의 음성을 듣는 것이라고 볼 수 있고, 적극적이라는 것은 일어나서 하나님의 뜻을 행하였다는 의미다. 그러므로 "기도는 삼각형 방향으로 이루어진다. 간구하는 사람의 심령에서 출발하여, 하나님의 귀에 전해지며, 응답하는 사람의 영혼으로 전달된다."[60]

하나님은 또한 인간의 협동이 제공될 수 없는 곳에서는 직접 역사하는 경우도 있으며, 인간으로는 불가능하며, 오직 하나님만이 가능한 상황에서도 기도에 응답하신다. 예를 들어 엘리야의 경우, 삼 년 반이나 비가 오지 않는 상황에서 그가 무엇을 할 수 있었을까?(왕상 18장) 단연코 인간은 하나님께 도움을 구하는 것 외에는 아무것도 할 수 없었다. 오직 하나님만이 그 상황을 대처할 수 있는 분인 것이다. 엘리야의 기도에 대한 응답으로 하나님께서는 하늘 문을 여시고 비를 내려 주셨다. 또한 다니엘의 경우도, 그는 왕의 칙령 앞에서 아무런 힘이 없는 존재일 수밖에 없었다(단 1장). 그가 할 수 있는 것은 오직 하나님의 자비와 은혜를 구하는 것뿐이었다. 하나님께서는 기적을 일으키셔서 다니엘을 왕의 칙령에서 구해 내셨다. 이렇게 인간의 역사 속에서 많은 위기들이 나타날 때 하나님께서는 힘이 없는 인간들에게 기적을 나타내시어 하나님께는 불가능이 없음을 보여주시곤 하셨다.[61]

긍정, 부정, 기다림

만일 하나님이 우리의 기도를 들으시고 응답하신다면, 우리는 다음과 같은 경우는 어떻게 설명할 수 있겠는가? 뭔가 아무 일도 일어나지 않을 때, 또한 분명한 응답이 전혀 없을 때, 우리의 고통들이 없어지기는커녕 더 커지며 약속을 지키시는 하나님이라는 생각에 의심이 생길 때…. 우리가 신뢰하기는, 하나님의 기도 응답은 모든 믿는 자들의 기도에 응답하신다는 사실에 분명히 근거하지만 그 응답은 여러 가지 다른 방법으로 대답하시는 것을 알아야 한다.[62]

하나님이 응답[63]하시는 한 가지 방법은 우리가 구한 그것을 주시는, 긍정적으로 응답하시는 것이다. 예를 들어, 열왕기하 20장 1-6절에는 히스기야가 병들어 죽게 되어 병을 낫게 해달라고 간구하였을 때 하나님은 히스기야가 구한 것뿐 아니라 그에게 15년을 더 살 수 있는 삶을 주셨다.[64]

두 번째 방법은 하나님께서 우리의 간구에 부정으로 대답해 주시는 것이다. 하나님은 가끔 그의 뜻과 그의 지혜에 따라서 우리의 간구를 거절하시는 것으로 나타나는데 그 이유는 다음과 같다. 죄를 품고 기도하는 것(요 9:31),[65] 잘못된 동기로 기도하는 것(약 4:3),[66] 하나님의 뜻에 부합되지 않은 기도(요일 5:14)[67] 등이다.[68] 바울이 육체의 가시를 제거해 달라고 기도했을 때 하나님은 부정적으로 대답하셨다. 그 대신에 그에게 고통을 참을 수 있는 넉넉한 은혜를 베푸셔서 너끈히 이기게 하시고 그로 인하여 하나님께 영광을 돌리게 하셨다 (고후 12:7-9).[69]

마지막으로, 하나님의 대답은 기다리라고 하는 것이다. 기도가 올바를지라도 시기적으로 적당하지 않을 수 있다. 그러므로 하나님께서는 기다리라고 말씀하시는 것이다. "기다리는 동안 우리는 잠잠히 휴식을 취하며, 하나님을 신뢰하는 가운데, 그와 분투하지 말아야 하는 것을 배워야 하며, 기다리도록 하는 이유는 우리를 위하기 때문인 것을 알아야 한다. 하나님이 우리를 향한 그의 온전한 목표를 이루실 때 우리는 성숙하게 되고 강해지며 배움의 도를 닦게 된다."[70]

우리가 들을 수 있는 음성으로, 성경으로, 마음속의 감동과 환경으로

아놀드Arnold는 "하나님은 매 시대마다 말씀하신다. 사무엘을 부르실 때는 육성으로 말씀하셨지만, 지금은 쓰여진 성경을 통하여 계속적으로 우리에게 분명히 말씀하신다."고 했다.[71]

또 다른 방법은 우리의 마음에 감동을 주시는 것이다. 하이벨스 Hybels는 "나는 하나님이 말씀하실 때 내 영혼을 움직여 어떤 감동을 받게 되는데 너무 현실 같아서 가끔 적어 두기도 한다."라고 하였다.[72]

또한 하나님은 환경을 통하여 대답하기도 하신다. 윌리엄스Williams 는 사도행전 16장 6-10절을 주석하면서 어떻게 하나님이 그들을 마케도니아로 인도하셨는지 강조하였다.[73]

6   성령이 아시아에서 말씀을 전하는 것을 막으시므로, 그들은 브루
    기아와 갈라디아 지방을 지나,

7   무시아 가까이 이르러서, 비두니아로 들어가려고 하였으나, 예수
    의 영이 그것을 허락하지 않으셨다.

8   그래서 그들은 무시아를 지나서 드로아에 이르렀다.

9   여기에서 밤에 바울에게 환상이 나타났는데, 마케도니아 사람 하
    나가 바울 앞에 서서 "마케도니아로 건너와서, 우리를 도와주십시
    오." 하고 간청하였다.

10 바울이 그 환상을 본 뒤에, 우리는 곧 마케도니아로 건너가려고
    하였다. 마케도니아 사람들에게 복음을 전하게 하시려고 하나님께
    서 우리를 부르신 것이라고, 우리가 확신하였기 때문이다.

(행 16:6-10)

이 상황을 보면 많은 길들이 열려 있었음을 알 수 있다. 그들은 서
쪽을 향하여 아시아로 건너갈 수도 있었고 또한 밤빌리아 해변을 따
라가는 한 길을 택하여 버가와 앗달리아 혹은 도시들로 갈 수도 있었
다. 그러나 그 길들로는 성령님이 막으시는 것 같기에 가지 않았다.
그래서 그들은 남쪽으로 출발하였다. 페르난도Fernando에 의하면, "하
나님의 섭리는 바울이 원했던 것을 막고 하나님이 원하셨던 곳으로
인도하심이 명백하게 나타나 있다."(행 16:6-10)고 했다.[74]

PART
6

기도 시간의
성령의 역할

로마서 8장 26-27절과 고린도전서 2장 10-11절을 중심으로 기도 시간에 성령이 우리에게 말씀하시는 것 외에 어떤 역할을 하는지 살펴보자.

우리의 약함을 도우심

26 이와 같이, 성령도 우리의 약함을 도와주십니다. 우리는 어떻게 기
도해야 할 것도 알지 못하지만, 성령께서 친히 이루 다 말할 수 없
는 탄식으로, 우리를 대신하여 간구하여 주십니다.

27 사람의 마음을 꿰뚫어 보시는 하나님께서는, 성령의 생각이 어떠
한지를 아십니다. 성령께서, 하나님의 뜻을 따라, 성도를 대신하여
간구하시기 때문입니다.

(롬 8:26-27)

믿는 성도들의 약함은 죄의 파괴적인 영향으로부터 온다. 이것은
육체적, 정신적, 자연적, 영적인 약점들이다. 성도들의 지식은 근거
가 빈약하고 깨우침을 받아야 할 필요가 있기에 하나님의 은혜가 지
속되어야 한다. 우리는 본성적으로 사탄의 종이었고, 사탄은 아직도
돌아다니며 우리를 종으로 삼으려 하고 있다. 이런 고통 가운데 성령
은 기도 중에 우리에게 오셔서 우리의 약함을 도우신다.[75]

무엇을 구해야 할지 모를 때 도우심

　　로마서 8장 26-27절에서 바울은 기도에 관하여 인간의 약점을 언급하였다. "성도들은 바른 기도를 드림에 있어서 약점을 가지고 있다. 이러한 약점은 두 가지 딜레마에 부딪친다. 하나는 어떤 문제가 있을 때 하나님의 뜻이 무엇인지 분명하지 않기에 무엇을 구해야 할지 모르는 것이다. 또 다른 하나는 어떠한 상황에서 무엇을 바라는지는 알지만 그 바라는 것이 하나님의 뜻에 부합되는지 확실히 모르는 것이다."[76] 이것은 죄가 인간의 의지를 손상시켰고 영적 진리에 대한 인식을 망가뜨렸기 때문이다. 그러므로 기도 시간에 우리는 "어린이들이 산타클로스에게 그들의 소원을 말하듯이 하나님께 우리의 간구를 올려드린다. 우리의 기도가 그의 존전에 적절한 기도로 받아들여지려면 하나님 자신이 우리 속에서 도우셔야 하는 것이 절실히 필요하다."[77] 그러므로 성령은 우리의 약점을 아시고 우리가 무엇을 구해야 할지 모를 때 하나님의 뜻에 맞게 구할 수 있도록 돕는 역할을 하신다.[78]

담대함으로 구하도록 도우심

　우리가 기도할 때 하나님의 뜻이 무엇이며, 무엇을 계획하시고 무엇을 간구하라고 하셨는지 알기 위하여 바운드Bounds는 요한일서 5장 14절 "우리가 하나님 앞에서 가지는 확신은 이것이니, 곧 무엇이든지 우리가 하나님의 뜻을 따라 구하면, 하나님께서는 우리의 간구를 들어주신다는 것입니다."의 말씀을 가르쳐준다. 성령의 도움으로 하나님의 뜻에 따라 구하는 기도는 하나님 존전으로 나아가는 담대함과 자유함을 준다. 하나님의 뜻을 계시하고 우리를 중재하시는 분은 성령이기 때문이다.[79]

　그러므로 하나님의 뜻이 모호하여 주저하게 되는 사람들은 그들의 마음을 통찰하시고 하나님의 뜻에 따라 우리를 중재하시는 성령님이 계시기 때문에 그들의 기도가 하나님이 받으시고 적당하게 응답될 것이라는 확신을 가질 수 있다. 성도들은 올바른 동기와 좋은 의도로 드리는 기도는, 단순히 기도자의 기도가 올바른 단어로 말하지 않았다는 이유로 방향이 바뀌지는 않을 것이라는 확신을 가질 수 있다.[80]

영적인 통찰력과 분별력을 가지게 함

10 하나님께서는 성령을 통하여 이런 일들을 우리에게 계시하셨습니다. 성령은 모든 것을 살피시니, 곧 하나님의 깊은 경륜까지도 살피십니다.

11 사람 속에 있는 사람의 영이 아니고서야, 누가 그 사람의 생각을 알 수 있겠습니까? 이와 같이 하나님의 영이 아니고서는, 아무도 하나님의 생각을 깨닫지 못합니다.

(고전 2:10-11)

성령은 기도할 때 영적으로 민감하도록 도와준다. 번연Bunyan은 주장하기를, 영적인 통찰력이 있는 사람의 기도와 그렇지 않은 사람의 기도는 그들이 같은 단어로 기도한다 할지라도 큰 차이가 있다고 주장하면서 "영적인 통찰력을 가지고 구하는 사람은 그것이 응답될지, 아닐지를 영적인 통찰력이 없이 구하는 자보다 더 많이 알 수 있다."고 한다.

또한 영적인 통찰력을 가지고 기도하는 사람은 기도자가 필요한 것을 공급할 준비가 된 하나님의 마음을 보게 된다고 하였다.[81] 그러므로 우리는 성령의 도움으로 하는 기도를 통하여 영적인 통찰력과 분별력[82]을 지닐 수 있는데, 이는 우리가 하나님의 마음과 하나님이 하시는 생각을 알 수 있기 때문이다.

얼 라 들 도   들 을   수   있 다

PART

7

어린이들의
하나님 개념

어린이들은 어떤 통로로
하나님에 대한 개념을 가지게 될까?

어린이들이 대화의 기도를 하려면 우선 성경에 나타난 하나님이 어떤 분인가 하는 것을 명확히 알고 있어야 하는데 그 이유는 대화(對話)dialogue는 둘 이상의 실체 사이의 상호적인 언어 소통인데 대화하는 당사자가 서로 말을 주고받을 수 있는 능력이 있으며, 주고받는다는 신뢰가 있을 때 말을 하고, 말을 들으려 할 것이기 때문이다. 예를 들어, 말을 못하는 언어 장애가 있어 말을 못하거나, 청각 장애가 있어 듣지 못하는 자에게 우리는 들으려고 노력하거나, 말을 하려고 시도하지 않는 것과 마찬가지로 우리가 하나님과 대화의 기도를 시도하려는 마음이 생기려면 하나님께서 대화를 하실 수 있는 분으로서 기도 시간에 우리에게 말씀하시고 우리의 말을 들으실 수 있는 분이라는 명백한 개념이 선행되어야 한다는 것이다.

그러면 어린이들은 어떠한 통로로 하나님에 대한 개념을 가지게 되는지에 대하여 먼저 살펴보자.

에드워드Edward와 엘리자베스 폭스Elizabeth Fox가 쓴 『예수는 하나님의 중간 이름』이라는 책에는 어린이들이 어떠한 경로를 통해 하나님에 대한 개념을 갖게 되는지 잘 기록하고 있다.

헤롤드(5세 남자 어린이)

"헤롤드, 하나님이 누구야?"

"세상에서 가장 현명해요."

"가장 현명해?"

"네."

"현명하다는 것은 무엇을 말하는 거니? 헤롤드."

"그는 무엇이든지 할 수 있어요."

"무엇이든지란 어떤 의미니?"

"무엇이든지."

"예를 들면?"

"그는 무엇이든지 만들 수 있어요."

"무엇을?"

"집들, 차들, 기차들, 그리고 비행기들."

"그가 그런 것들을 혼자 만드니?"

"아니요, 사람들에게 어떻게 만드는지 이야기해 주세요."

"또 하나님은 무엇을 만드시니?"

"나무들, 꽃들, 그리고 잔디들."

"또 무엇?"

"새들, 동물들, 물고기들, 그리고 사람들."

"너는 하나님의 능력에 대해서 아주 큰 믿음을 가지고 있구나. 그 렇지?"

"능력이 무슨 뜻이에요?"

"네가 말한 것들을 만들 수 있는 힘이라는 거야."

"아하."

"너는 그럼 하나님을 많이 사랑하겠네."

"아니요."

"아니라고?"

"네."

"왜 아니야?"

"왜냐하면…"

"왜? 무슨 이유야?"

"나는 하나님을 두려워하고 있어요."

"두려워 해?"

"네."

"왜 하나님을 두려워해?"

"왜냐하면 하나님은 아주 현명하시니까요."

"너는 그 하나님이 아주 현명해서 두려워하는 거야?"

"네."

"왜?"

"왜냐하면 그는 또 모든 것들을 파괴할 수도 있으니까요."

"어떻게 하나님이 차나 기차나 또는 비행기를 파괴할 수도 있니?"

"사고로요."

"그럼 집들은?"

"불로요."

"그럼 나무들이나 꽃 그리고 잔디들은?"

"불이나, 혹은 비를 전혀 내리지 않게 해서요."

"그럼 새들이나 동물들 그리고 물고기들은?"

"그는 그것들을 아프게 하거나 죽게 할 수 있어요."

"그렇다면 사람들은?"

"사람들도 역시 죽게 할 수 있어요."

"그것들이 네가 두려워하고 있는 것들이니? 그래서 하나님이 너를 죽게 만들 수도 있다고 생각하니?"

"네."

"왜 그런 것들을 두려워하니?"

"피터슨 때문에요."

"피터슨이 누구야?"

"저 밑에 사는 아줌마예요."

"왜 네가 죽는 것을 두려워 해? 그 아줌마와 무슨 일이 있었어?"

"그 아줌마가 내가 죽을 거라고 했어요."

"그 아줌마가 너에게 그렇게 얘기했다고?"

"네."

"네가 요즘 아주 벌벌 떨고 있는 이유가 그래서였니?"

(침묵)

"피터슨 아줌마가 너에게 뭐라고 했어, 헤롤드?"

"하나님이 나를 벌 주실 거라고 했어요."

"벌을 줘? 왜?"

"내가 나쁜 사람이래요."

"나쁜 사람?"

"네."

"무슨 나쁜 짓을 했어?"

"조 피터슨과 싸웠어요."

"그 아줌마의 아들이야?"

"네."

"무슨 일이 있었어?"

"그 애가 내 개를 발로 찼어요."

"그래서 넌 어떻게 했어?"

"내가 그 애를 때려 코피가 나게 했어요."

"그래서 피터슨 아줌마가 화가 났구나?"

"아니요."

"그럼 또 무슨 일이 있었어?"

"내가 그 애를 때리기 전에 그 애에게 욕을 했어요."

"뭐라고?"

(침묵)

"뭐라고 했어? 헤롤드!"

"빌어먹을 놈."

"그때 피터슨이 들었어?"

"아니요, 조가 엄마에게 말했어요."

"그래서 피터슨이 뭐라고 했어?"

"하나님이 나를 쳐죽일 거라고요."[83]

위의 경험에서와 같이 어린이들은 삶 속에서의 경험, 신앙적 가르침들, 하나님에 대하여 그려 놓은 그림들, 혹은 가정 배경에 따라서 하나님에 대한 개념을 갖게 되는데, 그렇게 형성된 개념들은 신앙생활하는 데 매우 중요한 역할을 하게 되며, 그러한 신앙 경험들은 또한 하나님에 대한 개념 형성에 영향을 끼치게 된다고 한다.[84] 이러한 연구는 필자의 경험에서도 사실임을 Tip에서 소개할 것이다.

로널드 골드만(Ronald Goldman, 1964) : 어린이로부터 청소년까지의 종교적 개념, 하나님 개념

영국의 종교교육가이며 교육 심리학자인 로널드 골드만_{Ronald Goldman}은 어린이들의 종교적 사고에 대해 연구했는데, 특히 하나님의 음성을 듣는 것과 관련하여 하나님에 대한 개념을 어떻게 갖고 있는지를 살펴보았다.

골드만은 영국 개신교 6-17세 200명을 대상으로 연구를 실시했다. 그는 세 가지 그림과 세 개의 이야기, 즉 교회에 가는 가족, 기도하는 어린이, 성경을 바라보고 있는 어린이 그림과 모세와 떨기나무가 불에 타는 이야기, 홍해를 건너는 이야기, 예수의 시험 이야기를 들려준 후 다음 질문으로 면담하였다.

1) 만일 모세가 청각 장애를 가졌다면, 하나님께서 부르시는 소리를 들었을까, 못 들었을까? 들었다면 어떻게 들었을까? 듣지 못했다면 왜 듣지 못했을까?

2) 만일 그곳에 다른 사람들이 있었다면, 그들은 하나님께서 모세를 부르는 소리를 들었을까? 들었다면 어떻게 들었을까? 듣지 못했다면 왜 듣지 못했을까?

골드만은 이 연구에서 어린이들이 하나님의 음성을 듣는다는 개념은 나이에 따라 세 가지 단계로 발달한다고 보았다.

첫 번째 단계, 9세 이전의 어린이들은 "하나님께서 말씀하신다."라는 개념을 물리적, 물질적, 환경적인 측면으로 해석했다. 다시 말해, 인간이 인간의 목소리로 인간의 귀에 말하는 것처럼 하나님과 대화한다고 이해하여 모세가 청각 장애였다면 하나님이 하시는 말씀을 들을 수 없었다고 생각하여 다음과 같이 대답했다. "아니, 그는 들을 수 없었다. 청각 장애인은 들을 수 없기 때문이다. 하나님이 그에게 말하는 것은 쓸데없는 일이다." "하나님은 더 큰 소리로 말했어야 한다." "하나님은 철사 같은 것으로 하늘에서부터 모세의 귀에 보청기를 만들어야 한다." "하나님은 마술을 사용하여 그를 고쳐서 듣게 해야 한다."

이와 같이 대부분 이 단계의 나이에 있는 어린이들은 귀가 안 들리는 현상이 하나님과의 대화를 방해하는 요소가 된다고 보고 있어서 하나님과의 대화는 인간들과의 대화와는 다른 형식임을 인지하지 못하고 있다. 적어도 8세 이후가 될 때까지 어린이들은 신인동형론적인 개념을 가지고 있어 하나님과의 대화 개념은 제한되어 있음을 볼 수 있다.

두 번째 단계인 9-12세까지의 어린이들은 하나님의 개념에 대하여 비물질적인 설명을 시도하기는 하지만 아직도 인터뷰 질문인 '다른 사람들'에 관한 질문에는 정확한 이해를 하지 못하고 있다. 릴리언 (9살)은 말하기를, "단지 모세만 속으로 들을 수 있었다. 그러나 그 주위에 있던 사람들은 하나님이 아주 작은 목소리로 말씀하셔서 들을 수 없었다." 제프리(10살)는 주위에 있는 사람들에 관하여 "그들은 들을 수 없다. 왜냐하면 모세는 신령한 사람이지만 그들은 신령하지 못하기 때문이다. 단지 신령한 사람만이 하나님의 음성을 들을 수 있다." 이와 같이 이 단계의 어린이들은 하나님에 대해 비물질적인 설명을 시도하지만 물질적인 것과 비물질적인 것에 대해 정확한 구분을 하지 못하는데, 이러한 현상은 11세 혹은 12세까지 계속되는 것을 볼 수 있다.

12세 그 이상의 어린이들은 '다른 사람들'에 대한 개념에서도 혼동하지 않고 대답을 하고 있으며, 하나님과의 대화는 비물질적이며, 비물리적인, 내적인 경험임을 깨닫고 있다. 그들의 대답이다. "네, 모세는 그의 마음으로 들었습니다. 마치 텔레파시가 통하듯이요." "아니요. 그것은 단지 모세의 마음에만 들렸습니다." "다른 사람들은 모세가 자기 자신과 이야기하는 것을 보았을지는 모르지만 그들은 아무것도 듣지 못했습니다."[45]

결론으로, 골드만Goldman은 어린이들이 하나님의 음성을 듣는데 있어서 나이에 따라 다르게 이해하고 있고, 9세 이후의 어린이들은 하나님께서 말씀하시는 분이라는 개념을 가지고 있으며 또 인간이 하나님의 음성을 들을 수 있는 능력이 있다는 것을 인지하고 있음을 밝혀 냈다.

어린이들에게 성령을 어떻게 가르칠까?

"9세 이하의 어린이들은 하나님과 예수님을 혼동하여 쓰는 것을 볼 수 있다." 라는 골드만Goldman의 연구 결과가 나왔다. 그런데 필자가 생각하기로는 그것은 우리가 그렇게 가르친 결과가 아닌가 한다. 나 역시 어렸을 때를 기억해보면, "예수님은 우리 마음속에 계신다."라는 말을 끝도 없이 들었던 것 같다. 또한 어린이들이 부르는 찬송 중에도 '예수님이 내 마음에 계신다' 라고 하는 가사가 많은 것을 알고 있다. 그러므로 어린이들이 하나님과 예수님을 혼동하는 것은 당연한 일이라고 생각한다. 내 마음속에 계시는 분은 좀더 정확히 말하자면 하나님, 예수님이 아닌 성령님이신 것이다.

기독교 개념에는 삼위일체, 사랑, 믿음, 하나님의 무소부재 등 추상적인 개념들이 많이 있다. 삐아제의 인지 발달 이론에 근거하면 추상적인 개념을 완전히 이해하기까지는 적어도 13-15세가 되어야 한다고 하는데 그때까지 우리는 기다리고 있어야만 할까? 그럴 필요가 없다고 생각한다. 그러면 그 나이 이하의 어린이들에게 추상적인, 삼위일체 같은 개념들을 이해할 수 있도록 가르칠 방법은 없을까?

헨드릭스_{Hendricks}는 추상적인 개념을 구체적인 것으로 바꾸어 가르치면 가능하다고 주장한다.

우리는 행동 규범부터 예배, 그리고 교리까지 그들을 가르치기 시작할 수 있다. 그러나 문제는 어떻게 그것들을 믿도록 가르칠 수 있는가 하는 것이다. 우리는 어린이들에게 추상적인 개념들을 가르치면 안 된다고 들어왔다. 그러나 만일 추상적인 개념을 가르칠 수 없다면, 그들이 지금 있는 수준에서 오늘날 사회가 그들에게 요구하는 수준까지 절대로 갈 수 없을 것이다. 그러므로 나는 어린이들에게 추상적인 개념을 가르칠 가장 좋은 방법은 어떤 구체적인 표현과 예들을 주어 추상적인 수준까지 가도록 돕는 것이라고 생각한다. 그리고 난 후 어린이들에게 가르치는 사람의 방법과 생각이 그들에게 이해되었는지 알기 위하여 반응을 들어보도록 하는 것이다.[86]

예를 들어, 하나님의 무소부재라는 개념을 가르칠 때 태양을 예로 가르칠 수 있다. 우리가 서울에 있을 때나 혹은 시골 아니면 외국에 있을 때도 어디서나 해가 있듯이 하나님도 우리가 어디를 가든지 우리와 함께 계시는 것을 가르칠 수 있을 것이다.

또한 어떤 방법으로도 삼위일체의 개념을 인간의 방법으로 정확하게 설명하기는 불가능하다. 양태론적인 비유이기는 하지만 성령, 삼위일체의 개념을 가르칠 때 태양의 예를 들어 가르쳐 보자.[87] 태양은 하늘 위에 있다. 그러나 태양이 작용할 때는 세 가지 방법인 에너지,

빛, 그리고 열로 작용한다. 태양 에너지, 태양 빛, 태양 열 모두 태양 그 자체인 것이다. 첫 번째 하나님, 온 우주를 창조하신 아버지 하나님. 두 번째 예수님, 하나님의 아들이시며 우리를 구원하시려 인간의 몸을 입고 지구에 오셔서 십자가에 달리신 분. 세 번째 성령님, 예수님이 떠나시면서 우리에게 보내주시겠다고 하신 하나님의 영. 우리를 위로하시고, 인도하시며, 우리에게 말씀하시는 분이시다. 그러나 이 세 분은 모두 하나님 그 자체로서 하나님이신 것이다.

그러므로 기독교의 교리 대부분을 차지하는 많은 추상적인 개념들을 우리는 전력을 다하여, 어떻게 하면 어린이들이 이해하도록 할 수 있을까를 그들의 눈높이에 맞추어, 그들의 삶 속에서 만져질 수 있는 구체적인 것으로 바꾸어 알아들을 수 있도록 설명하려고 노력해야 한다.

9세 이전의 어린이들에게
추상적인 개념을 어떻게 가르칠까?

    9세 이전의 어린이들에게 추상적인 개념들(하나님의 사랑, 성령, 구원, 믿음 등)을 가르친 경험 하나를 소개한다. 3-5세 어린이들에게 기독교에서 가장 중요한 요한복음 3장 16절[88]의 하나님의 사랑에 대한 설교를 준비하고 있었다. 어린이들에게 하나님이 독생자를 주신 사랑을 알아들을 수 있도록 설명해 주어야 하는데 고민이 생겼다. 한참 고민한 끝에 키세스(삼각형으로 생긴 초콜릿, 어린이들이 가장 좋아하는 것 중의 하나임) 50개를 지퍼백에 담아서 가지고 갔다.

    설교를 시작하기 전에 어린이들에게 질문하였다. "사랑이 뭐라고 생각하니?" "뽀뽀하는 거요." "예뻐하는 거요." "먹을 것을 나눠주는 거요." 등 여러 대답들을 하였다. 나는 맨 앞에 있는 어린이 한 명을 나오라고 한 뒤 키세스를 보여주면서, "만일 전도사님이 영민이를 사랑하면 이것을 주는 것이 사랑일까, 주지 않는 것이 사랑일까?" 모든 아이들이 큰소리로 "주는 게 사랑이에요."라고 큰소리로 대답하였다. 나는 두 개를 주고, 또 다른 어린이를 나오라고 하여 같은 질문을 하고 대답하도록 하였다. 키세스는 30개, 20개, 10개로 점점 줄어들었다. 키세스가 5개까지 줄어든 다음에 또 어린이를 나오게 하여 같은 질문을 하였다. 처음에는 우렁찬 목소리로 "주는 게 사랑이에요."라고 대답했던 어린이들의 목소리가 초콜릿을 거의 다 빼앗긴 전도사님이 불쌍하게 여겨졌던지 현저히 줄어들었다. 드디어 초콜릿이 1개 남았을 때였다. 다시 한 어린이를 불러서 "내가 만일 소윤이를 사랑하면 이 초콜릿을 주는 게 사랑일까, 안 주는 게 사랑일까?" 대답은 누가 보아도 자명한 것이었다. 그러나 어린이들은 고민하는 눈빛을 보였으며, 아무도 "주는 게 사랑이에요."라고 큰 소리로 외치지 못했다. 왜냐하면 그들은 내가 초콜릿 50개를 가지고 있다가 49개를 사랑이라는 명목 때문에 다 주고, 단지 하나 만을 남기고 있음을 알기 때문이다. 드디어 몇몇 어린이들이 "아니에요, 전도사님이 그냥 잡수셔도 돼요. 안 줘도 돼요…." 일분 가량 침묵이 있은 후 "반 나눠서 줘요."라고 엄마, 아빠 모두 변호사인 여자아이가 나에게 소리쳤다.

나는 그 마지막 남은 키세스 초콜릿 하나를 보여주며 "하나님은 아들이 하나밖에 없으신데도 그 아들을 우리를 구해주시려 이 땅에 보내셨어. 왜? 우리를 사랑하시기 때문에…"라고 말하면서, 그 아이에게 "나도 너를 사랑하니까 이것을 너에게 줄게."라고 하면서 마지막 한 개 남은 초콜릿을 주었다. 아마도 그 아이들은 세월이 많이 지나도 하나밖에 없는 아들을 우리를 사랑하시기에 주셨던 그 하나님을 '사랑의 하나님'으로 잊지 않고 기억하리라 생각한다.

얼 라 들 도   들 을   수   있 다

PART
8

어린이들의
기도 개념

데이빗 엘킨드(David Elkind),
버나드 스필카(Bernard Spilka),
다이앤 롱(Diane Long, 1967)이 말하는
어린이들의 기도 개념

로체스터 대학의 심리학과 교수이자 덴버 대학의 아동 연구센터의 주임인 엘킨드Elkind와 덴버 대학 교수인 버나드 스필카Bernard Spilka, 그리고 덴버 대학의 아동 연구 센터의 심리학자인 다이앤 롱Diane Long 은 초등학생을 대상으로 기도의 개념을 연구하였다.

5-12세까지 덴버의 사립학교에서 160명을 대상으로 다음의 질문으로 인터뷰를 진행하였다.

1) 너는 기도하니? 가족들은 기도하니? 2) 개들과 고양이들은 기도하니? 3) 기도가 무엇이니? 4) 한 번에 많은 사람이 한 가지 이상으로 기도할 수 있니? 5) 기도가 응답되면 어떻게 해야 하니? 6) 만약 응답되지 않으면 어떻게 해야 하니?

기도의 개념에 대한 연구 결과를 살펴보면 연령에 따라 세 단계로 발달한다고 보았다. 첫 번째 단계(5-7세)의 어린이들은 기도는 뭔가 하나님과 관련되어 있는 것이라는 것은 알고 있지만 개념에 있어서는 흐릿하고 불분명하게 대답하였다. 예를 들어 캐롤(5세)은 "기도는 하나님이 사람들을 축복하는 것이다.… 그래서 나는 지금 누워서 자고 있다."라고 말하는 것을 보면 기도에 대한 분명한 의미를 이해하지 못하고 있음이 나타났다.

두 번째 단계(7-9세)의 어린이들은 이전 단계의 불분명한 개념으로부터 벗어나 기도는 특별하고도 적절한 행위로 인식한다. 기도는 아주 구체적이고 실제적이며 말로 하는 것이라는 분명한 개념을 터득한다. 예를 들어 지미는(7세), 기도는 "우리가 하나님께 물이나, 음식이나, 혹은 비, 눈을 달라는 것이다."라고 말하며 기도가 말로 하는 구체적인 행동이기에 이 단계의 어린이들은 고양이나, 개들은 말을 못하기에 기도할 수 없다고 본다. 그러나 아직도 그것이 정신적이고 감정적인 면과 연관되어 있음을 알지는 못한다. 또한 기도에 대하여 구체적이고 물리적인 개념만을 가지고 있기에 하나님의 전능성에 대하여 완전히 이해하지 못하고 있다. 기도할 때 한꺼번에 여러 명이 기도할 수 있느냐의 질문에, "하나님은 여러 가지를 한꺼번에 할 수 있는 분이 아니기에 여러 사람이 한꺼번에 기도하면 하나님께서는 한꺼번에 응답을 할 수 없다."라고 대답했다.

세 번째 단계(9-12세)의 어린이들은 "기도는 다른 사람과 이야기하는 것이 아닌 하나님과 이야기하는 개인적인 대화 같은 종류이다."[89]라고 대답했다. 예를 들어 델은(10세) 기도를 "하나님과 하는 대화의 한 방법인데… 그에게 용서를 구하고, 혹시 무언가 잘못되어 가고 있을 때 다시 바르게 해달라고 말하며, 가끔 우리가 다른 사람들과 이야기하기를 원하는 것처럼 우리는 하나님께 나아가 말할 수 있는 것이다." 라고 대답했다. 이 시기의 어린이들은 기도가 정신적인 활동, 즉 사고나 신념이지 움직이는 어떤 활동이 아님을 인식하고 있다. 또한 어떤 어린이들은 하나님을 믿지 않기 때문에 기도하지 못한다고 생각하며, "기도는 어떤 것을 믿는 사람이나, 어떤 것을 믿는 것과 관련된 사람들만의 활동이지 전세계 사람들이 믿든지 안 믿든지 모두 하는 그런 것은 아니다."라고 말했다.[90]

이 연구에서 주목할 만한 점은 9-12세의 어린이들이 기도는 하나님과의 대화임을 알고 있고, 물리적인 활동이 아닌 정신적인 활동임을 알고 있다는 것이 "기도는 다른 사람과 하는 이야기가 아닌 하나님과 하는 개인적인 대화 같은 종류이다."에서 밝혀진 점이다.

PART
9

현대의 어린이들도
하나님의 음성을 듣고
진정한 대화를 나눌 수 있나?

로버트 콜(Robert Cole, 1990):
어린이들의 영적인 삶

콜Cole은 세계 여러 지역, 여러 종파, 여러 가지 방법으로 어린이 영성에 관한 연구를 실시하였다.

연구 대상자들은 대부분 8-12세까지의 어린이들로서 가끔은 6세 혹은 13세도 포함되었으며, 500명의 어린이들에게 적어도 다섯 번 정도 인터뷰를 했다. 그중에 적어도 100명 이상의 어린이들에게는 25번 이상 인터뷰를 하였다. 아브람(9세)의 인터뷰를 살펴보자.

내가 처음 아브람을 만났을 때 그는 9살이었다. 나는 아브람이 사춘기를 지날 때까지 계속 만남을 가졌으며, 그의 아버지와 매우 친하게 지내고 있었다. 나는 아브람에 대하여 더욱 더 알고 싶었다.

"나는 기도할 때마다 나를 도와 달라고 기도합니다. 또한 하나님께 무엇이 가장 좋은 것인지 알려 달라고 기도합니다."

"나는 그가 하는 말을 듣습니다. 우리는 그의 명령에 복종해야 하며 선한 삶을 살아야 한다고 하시는 말씀을 듣습니다."

나는 아브람이 하는 말을 들으면서 생각에 잠겼다. 그가 기도하는 동안 들었다는 하나님의 음성이란 과연 누구의 음성인가? 그래서 마침내 질문을 했다. "아브람, 그것은 네 아버지의 목소리니 아니면 너의 목소리니? 아니면 너는 정말 하나님의 음성을 듣는 것이니?" 나는 그가 하나님의 음성을 듣고 하나님과 대화한다고 하는 말이 무슨 의미인지 안다고 생각했지만, 적어도 나는 그가 나와 친하다는 것을 믿고, 내가 그러한 질문으로 꼬치꼬치 캐물어도 괜찮다고 확신했기에 그러한 질문을 하였다. 또한 그렇게 자세히 묻는 것은 아브람이 자신의 생각이나 관심 그리고 하나님의 생각을 구분할 줄 아는가 하는 것을 분석해 내기에 꼭 필요하다고 생각했기 때문이다. 아브람은 분석력이 아주 뛰어났다. 다음은 그의 대답이다.

"나는 하나님께 기도할 때, 나의 친구들에게 말하는 것같이 하지 않습니다. 또한 나의 아빠나 엄마와 말하는 것과도 같지 않습니다. 엄마, 아빠는 나에게 하나님께 말할 땐 뭔가 '특별하게' 해야 한다고 하기에 나는 그렇게 하도록 노력했습니다. 고개를 숙이고 목소리를 낮추며 눈을 감고 하나님께 말했습니다. 그리고 잠시 기다렸습니다. 나는 많은 아픈 사람들을 위하여, 또한 TV에서 본 불쌍한 사람들에 대하여 그분에게 말을 하며 도움을 요청했습니다. 그러면 나는 그분이 내가 일을 열심히 해야 하며, 나에게 맡겨진 것을 충실히 해야 된다고 말하는 것을 듣습니다. 나는 우리가 우리의 사명을 잘 감당하면 그분은 그분의 일들을 할 것이라고 생각합니다. 그것은 나의 목소리이고 우리 엄마, 아빠의 목소리이기도 합니다. 하지만 그것은 우리가 서로 보통 나누는 그런 목소리가 아닙니다. 그것은 하나님의 목소리이기 때문입니다. 왜냐하면 그것은 뭔가 다르기 때문입니다. 내가 하나님과 이야기할 때는 다른 사람과 이야기하는 것같이 하지 않습니다. 아무도 하나님이 말씀하시는 방법으로 나에게 말하지 않습니다. … 그분은 나로 하여금 뭔가 생각하도록 하기에 나는 그분의 음성을 듣습니다. 그것은 분명 하나님의 음성입니다. … 아니, 내가 말하는 의미는 그분은 우리가 기도할 때 우리에게 말하지 않습니다. 우리가 우리에게 말하는 것입니다. 그러나 그분은 우리 자신에게 무엇을 말하라고 말씀하시는데 그분이 바로 하나님이신 것입니다. 내가 하는 말이 무슨 의미인지 아시겠어요?"

나는 그가 얼마나 진지하게 하나님과 대화하는지 깨닫기 시작하며 그렇다고 고개를 끄덕였다.[91]

콜의 연구를 읽으면서 필자는 아브람이 진실로 기도할 때 하나님의 음성을 듣고 있음을 확신하였다. 그래서 필자는 한국 어린이들도 하나님의 음성을 듣는지 궁금하여 두 차례(미국, 한국)에 걸쳐 교회에 다니는 어린이를 대상으로 대화의 기도를 하고 있는지 연구하였다.

김영주(2012): 기독교교육에 있어서 대화의 기도 가능성 연구 - 9-12세 어린이를 대상으로[92]

   필자인 김영주는 미국 캘리포니아 주에 있는 세 개의 한국 교회를 추출하여, 4-6학년(9-12세) 어린이들 중 남학생(10명), 여학생(13명)을 대상으로 면담을 실시하였다.[93]

   면담은 기도, 성령, 하나님의 음성을 듣기 등 추상적인 질문이었는데 어린이들이 좀더 쉽게 접근할 수 있도록 먼저 어린이와 개가 함께 침대 앞에서 기도하는 재미있는 그림을 보여주면서 "너도 기도하니?"라는 평이한 질문으로 시작하여 점차 "기도가 무엇이라고 생각하니?" "성령을 알고 있니?" 혹은 "성령이 무엇이라 생각하니?"라는 생각하는 질문으로 접근한 후, 이 연구의 핵심이 되는 기도 시간에 하나님의 음성을 듣고 있는지, 혹은 대화를 하고 있는지에 대한 연구를 위해 "기도 시간에 하나님이 말씀하신다고 생각하니?" "하나님의 음성을 들은 경험이 있니? 있으면 경험을 이야기해 볼 수 있니?" "하나님과 대화를 해 본 적이 있니?, 대화를 해보았다면 그 경험을 이야기해 볼 수 있니?" "하나님의 음성인지 아닌지 어떻게 구분하니?" "누구에게 혹은 어디에서 하나님의 음성을 듣는 것과 대화하는 것을 배웠니?"라고 질문하였다.

연구 결과는 다음의 네 가지로 분류할 수 있다. 첫째, 9-12세 어린이 중 기도할 때 하나님이 말씀하신다는 것을 아는 어린이는 23명 중 17명(73%)으로 나타났으며, 이 어린이들은 하나님의 음성을 들을 수 있고, 또한 들은 경험도 있는 것으로 나타났다. 둘째, 기도 시간에 하나님과 대화의 기도를 경험한 어린이는 23명 중 2명(0.86%)으로 나타나 어린이들이 하나님과 대화의 기도를 할 수 있는 것으로 나타났으나 아주 소수로 국한된 것을 볼 수 있다. 셋째, 하나님의 음성을 구별할 수 있느냐의 질문에 23명의 어린이 중 14명(60%)의 어린이가 구별할 수 있다고 대답했으며 넷째, 하나님의 음성을 듣고, 하나님과 대화하도록 도와준 요소들은 부모와 교사의 영향이 가장 큰 것으로 나타났다. 네 가지 결과를 구체적으로 살펴보도록 하자.

9-12세의 어린이 중 기도할 때 하나님이 말씀하신다는 것을 아는 어린이는 23명 중 17명이었으며, 나타났으며, 또한 이들은 하나님이 말씀하시는 것을 들은 경험이 있는 것으로 나타났다. 면담의 결과를 다섯 가지로 분류하면 다음과 같다.

1) 어린이들이 드리는 간구에 응답하심

이 범주에 속하는 어린이들은 대개 시험을 잘 치를 수 있도록 하나님께 요청했을 때 하나님께서 "너는 할 수 있어."라고 말씀하셨거나, 또한 자기 전에 하나님께 무서운 꿈을 꾸지 않도록 부탁했을 때 "무서워하지 마라. 내가 너를 보호할 것이다."라고 하셨거나, 새로운 학교로 전학한 후 새 친구를 사귈 수 있게 해달라고 했을 때 "내가 너를 도와줄 것이다."라고 말씀하시는 등 어린이들의 간구에 응답해 주신 경우들이다. 또한 하나님께서는 긍정적으로만 아니라 부정적으로도 대답하셨다고 응답했는데, 그 예로는 어렸을 때 일기장을 갖고 싶어서 구했을 때, "너는 일기장이 많이 있으므로 정말 필요할 때 줄 것이다."라고 대답하셨다고 한다.

2) 어린이들의 생각과 행동을 아시고 권면하심

하나님께서는 어린이들의 생각과 품은 뜻을 아시고 그들에게 안위

의 말씀과 위로의 말씀을 하시는 것을 볼 수 있다. 11세 남자 어린이
의 발췌문이다.

[11세 남자 어린이]

A : 나는 보통 4시에 일어나지 않아요. 그러나 나는 하나님께서
나의 기도에 응답하는 것 같은 경험을 했어요. 그날 나는 몹
시 배가 아파 하나님께 내 복통을 낫게 해달라고 기도했어요.

Q : 네가 엄마에게 말했다는 것은 무엇이니?

A : 밤에 나는 엄마에게 하나님은 내 기도를 듣지 않는다고 말했
어요. 그리고 나는 잠을 자러 갔는데 4시에 깼어요.

Q : 그래서 배가 나았니?

A : 네.

Q : 하나님께서 너에게 응답하셨구나.

A : 음, 그분이 내가 하나님께서 내 배를 낫게 하셨다고 생각했
을 때, 그분이 나에게 말씀하셨어요. 왜냐하면 나는 그것을
알 수 있었어요. 그분이 직접 말하는 것을 듣지는 않았지만
나는 그분이 나에게 말하고 있음을, 내 기도가 응답된 것을
보고 알았어요.

Q : 네가 나은 것을 보고 하나님께서 너에게 말씀하셨다는 것을
알았다는 것이지? 내 말이 맞아? 하나님께서 뭐라고 말씀하
셨어?

A : "존John, 기도가 응답되지 않는다고 생각하지 말아라."[94]

3) 지혜로운 깨달음을 주심

어린이들은 문제가 있을 때 혹은 우울증에 빠졌을 때 하나님께 어떠한 요구나 부탁을 하게 된다. 그때 하나님께서는 어린이들에게 그에 맞는 적절한 대답을 하셔서 어린이들이 다시 신앙을 되찾거나 기쁨을 회복하는 경우를 볼 수 있다. 12세 여자 어린이의 경우, 그의 언니가 아주 뛰어났으므로 부모의 기대 또한 높았는데, 언니의 성적이 갑자기 떨어져 힘들어 하고 있을 때, 그가 언니와의 경쟁에서 이기고 싶고 또 '나는 왜 이렇게 완벽하지 못할까'라는 고민을 기도 시간에 말했을 때 하나님께서 "내가 너를 네 모습 그대로 사랑하며, 내가 너를 자랑스럽게 여긴다."라고 말씀하는 것을 들어서 '하나님은 나를 내 모습 이대로 사랑하시는구나.' 하는 것을 깨닫고 감사했다고 했다.

4) 어린이들의 질문에 대답하심

어린이들이 하나님께 질문을 하는 경우에도 하나님께서 말씀하시는 것을 볼 수 있다. 12세 여자 어린이는 가끔 하나님께 "하나님은 좋고 선하신 분인데 왜 이 세상에 고통을 당하는 사람들이 많아요?"라는 질문을 했다고 한다. 그때 하나님께서 "그것은 고통을 당하는 동안 하나님께서 우리에게 더 기도하게 하며, 우리가 하나님을 따를 때 우리를 천국에 오도록 하시고 세상적이지 않고 더 영적으로 되게 하기 위해서다."라고 말씀하셔서 왜 하나님께서 고통을 허락하시는지 깨달았다고 하였다. 또한 친구와 싸운 후 "내가 무엇을 어떻게 해야 하나요?"라는 질문에 "원수를 사랑하라는 성경말씀을 기억할 수 있도록 도와 주셨다."라는 대답이든지 혹은 하나님께 "내가 하나님을 위해 무엇을 해야 할까요?"라는 질문에 "더욱더 기도하여라."라는 하나님의 음성으로 어린이들이 하나님께 질문을 드릴 때 대답해 주신 것을 알 수 있다.

5) 어린이에게 복음을 전하라고 명령하심

두 어린이가 기도 시간에 하나님께서 일방적으로 자기에게 복음을 전하라고 말씀하셨다고 하였다. 두 어린이의 특징은 하나님께서 복음을 전하라고 하신 말씀에 순종하여 복음을 전했을 때 상대방이 복음을 그 시간에 받아들였으며, 특히 어그러졌던 관계가 회복되는 계기가 되었다고 하였다. 두 어린이의 발췌문이다.

친구와 싸우고 난 후 하나님께서 복음을 전하고 용서하라고 하심.

[10세 여자 어린이[95]]

Q : 하나님의 음성을 들었던 경험을 이야기해 줄 수 있니?
A : 그날 나는 내 친구와 싸움을 했었는데 하나님께서 그를 용서하고 그에게 복음을 전하라고 하셨어요.
Q : 반 친구와 싸웠어?
A : 네.

Q : 왜 싸웠어?

A : 그러니까 … 음 …

Q : 여자아이야, 남자아이야?

A : 여자아이요. 우리가 놀고 있는데 그 애가 반칙으로 우리를 속이고 있었어요. 그래서 내가 반칙하지 말라고 말하면서 우리는 싸우게 되었어요. 그래도 그 아이는 멈추지 않았고 모인 우리 모두는 다 그 아이에게 화가 나 있었어요.

Q : 그래서 그 이후에 기도했어?

A : 네.

Q : 밤에? 그래서 그 밤에 하나님께서 뭐라고 하셨어? 하나님의 말씀을 전하라고 하셨어?

A : 네, 그리고 용서하라고 하셨어요.

Q : 용서하라고? 그래서 네가 그러겠다고 대답했어?

A : 아니요.

Q : 그럼 복음을 전했어?

A : 음… 그냥 그 아이에게 대충 이야기하고 내가 너를 용서한다고 말했어요. 그리고 몇 가지 물었어요.

Q : 뭐라고 물었어?

A : 응, 그냥 주말에 주로 뭐하면서 보내냐고, 교회는 다니냐고 물었어요. 그랬더니 그 친구가 예전에는 교회에 다녔는데 지금은 안 다닌다고 했어요. 그래서 집에 와서 내 친구가 하나님을 더 많이 알게 해달라고 기도했어요.

Q : 그 다음에 어떻게 되었어? 네 친구에게 교회에 가자고 또 말

해 봤어?

A : 네. 내 친구가 2주에 한 번씩 간다고 말했어요.

Q : 그래? 네 친구가 너와 같이 교회에 와?

A : 아니요. 다른 교회에 갔어요.

Q : 네가 네 친구에게 말했기 때문에 네 친구가 교회 다니기 시작했다는 말이지. 비록 다른 교회이기는 하지만. 이것이 작년에 일어났던 일이라는 것이지? 그럼 지금 그 친구가 어떻게 되었는지 아니? 아직도 친하게 잘 지내고 있어?

A : 아니요.

Q : 네 친구가 어떻게 되었는지 몰라?

A : 몰라요. 이사 갔거든요.

아침에 기도하는 중에 가장 친한 친구에게 복음을 전하라고 하심.[96]

[11세 여자 어린이]

Q : 하나님의 음성을 들었던 경험 하나만 이야기해 줄 수 있니?

A : 내가 아침에 기도하면서 "하나님, 제가 오늘 일어날 수 있게 하시고, 하나님께서 창조하신 날에 안전하게 지켜 주시고, 좋은 가족을 주셔서 감사합니다." 라고 기도할 때에, 하나님께서 이렇게 말씀하시는 것 같았어요. "내가 오늘 너에게 부탁할 것이 있는데 네 친구에게 가서 말해라." 왜냐하면 나에

게 예수님을 믿지 않는 친구가 있었거든요. "내가 너에게 도
전하는데 너는 그에게 나에 대하여 말하여라." 하셨어요.

Q : 하나님이 너에게 말씀하셨다고?

A : 네. 그래서 나는 성경을 들고 학교에 갔어요. 보통 있는 일
은 아닌데 나는 '요한복음 3장 16절'을 폈어요. 그리고 "하나
님이 우리를 위하여 그의 아들을 세상에 보내어 죽게 하시고
우리의 죄를 씻어주셨어."라고 말했더니 내 친구가 "와!…."
라고 했어요. 만일 내가 (이미) 말했듯이 하나님이 나에게 말
씀하지 않으셨고, 나 또한 하나님의 도움을 구하지 않았다면
내 친구는 그냥 "응, 그래?"라고 했을 거예요. 왜냐하면 나는
이미 몇 번이나 그 아이에게 전도하려고 했었거든요. 그런데
하나님께서 나에게 부탁하신 그날은 그 아이가 뭔가 깨달은
것같이 보였어요. 왜냐하면 내가 벌써 몇 번이나 그 아이에
게 복음을 전했지만 그 아이는 이해하지 못했었고 단지 "응.
네가 이야기하려는 분이 하나님이라는 분이지?"라고 했거든
요. 그 아이는 유대교를 믿고 있었어요. 나는 정말로 내 친구
가 복음에 대해서 알기를 원했어요 왜냐하면 그 아이는 내가
가장 좋아하는 친구였기 때문이에요.

2. 하나님과 대화의 기도를 한 경험

기도 시간에 하나님과 대화를 했는지에 대한 질문에 23명의 어린

이 중 2명의 어린이가 대화의 경험이 있다고 대답했으며 그중에 한 어린이는 두 번 하나님과의 대화에 대하여 서술하였다. 다음은 두 어린이의 발췌문이다.

[9세 남자 어린이]

Q : 하나님과 기도 시간에 대화를 한 경험이 있니?

A : 없어요. 아니, 한 번 있어요. 2년 전에요. 내가 "하나님을 위해서 무엇을 해드릴 수 있을까요?"라고 했더니 그분이 말하기를 "성경을 읽고 기도하라."고 하셨어요. 그래서 내가 또 "그것 외에 또 무엇을 해드릴 수 있을까요?"라고 했더니 그분이 말하기를 "단지 성경을 읽으면 된단다."라고 하셨어요.

Q : 그 다음에 네가 또 뭐라고 말했어?

A : "오케이!" 음 … 잠자러 가면서 "오케이!"라고 말했어요.

Q : 그러니까 하나님이 뭐라고 하셨어?

A : 그 다음엔 아무 말씀도 안 하셨어요.

[9세 여자 어린이]

Q : 뭐라고 기도했니?

A : "시험에서 좋은 성적 받을 수 있도록 도와주실 수 있으세요?"라고 했더니 그가 이렇게 말하는 것같이 느꼈어요. "넌 거뜬히 할 수 있어."

Q : 그래서 네가 뭐라고 대답했어?

A : 내가 마음속으로 기도하면서 말했어요. "오케이! 나는 당신을 믿습니다!"

Q : 그랬더니 하나님이 뭐라고 말씀하셨어?

A : 그가 말씀하기를 "비록 시험이 어려울지라도 너는 그 시험에 무사히 통과할 것이다."라고 하셨어요.

3. 하나님의 음성을 구별하는 방법

　하나님의 음성을 들었거나 혹은 하나님과의 대화를 한 어린이들에게 하나님의 음성인지 구별할 수 있느냐는 질문에 14명(60%)의 어린이가 "구별할 수 있다."고 대답했으며, 어떻게 구별할 수 있느냐는 질문에 세 가지 범주로 나누어 대답하였다. 첫째, 하나님께서 말씀하시는 것을 느낌과 지각으로 구분할 수 있다고 하였다. 즉 "그냥 느낀다." "그냥 알 수 있다." 등 뭐라고 설명은 못하지만 어린이들은 하나님의 음성인지 아닌지를 알 수 있다는 대답을 하였다. 둘째, "하나님의 음성은 뭔가 다르다."고 대답했는데, 예를 들어, 하나님의 음성은 "더 묵직하며, 깊은 맛이 나며, 용기를 북돋우고, 뭔가 뜨거워지며, 위로를 주시며, 완벽하고, 엄격하며, 단호하다."고 대답함으로써 "그냥 알 수 있다."고 대답한 어린이들보다 뭔가 다른 점이 있음을 표현한 것을 볼 수 있다. 셋째, 11세 혹은 12세 어린이들은 이성적 사고를 이용해 하나님의 음성인지 아닌지를 분별해 낸다고 대답했다. "하나님의 계획은 내 계획과 다르므로" "어느 것도 그렇게 나의 마음에 와 닿는 것은 없었기에" "다른 사람의 감정을 해치지 않도록 선택하게 했기에" "나는 한 번에 두 가지를 할 수 없기에." 다시 말해, "기도와 상상을 한 번에 할 수 없기에." 등 이성적인 판단에 의해 하나님의 음성을 구별할 수 있다고 대답했다.

4. 하나님의 음성을 듣고, 하나님과 대화하도록 도와준 요소

하나님의 음성을 듣는 것의 영향에 대해서는 10명이(43%) 대답했으며 네 가지의 요소로 구분되었다. 부모님의 영향(3명), 교사나 목사(3명), 누구의 영향도 아님(3명), 그리고 국제 기도의 집(1명) 등이다. 또한 하나님과의 대화에 영향을 끼친 요소는 9명의(39%) 어린이가 대답했으며, 네 가지의 요소로 나타났다. 부모(3명), 교사(3명), 누구의 영향도 아님(2명), 그리고 친구(1명). 그러므로 부모의 영향과 교회학교 교사, 혹은 목사의 영향이 큰 것으로 나타났다.

이 연구에서 몇 가지를 생각해보면, 연구의 초점은 9-12세의 어린이들이 기도 시간에 하나님의 음성을 들으며 대화할 수 있는 가능성이 있는가 하는 것이었다. 첫째로, 연구에서 밝혀진 바에 의하면 23명 중 17명의 어린이(73%)가 기도 시간에 하나님의 음성을 들었고, 또한 그 경험을 말할 수 있었다는 것은 골드만의 연구에서 나타난 하나님이 소통하시는 방법은 인간이 소통하는 audible 방법이 아닌 마음속으로 오는 내적인 경험임을 어린이들이 이해한다고 한 결과와 어린이들이 기도 시간에 하나님과 대화할 수 있다는 콜의 연구 결과와 일치함을 볼 수 있다.

둘째로, 어린이들이 하나님의 음성을 듣고 그것을 구별하는 방법에 연령 차이가 나는 것을 볼 수 있다. 이것은 골드만이 "9세 이전, 9-12세, 12세 이후의 어린이들은 하나님께서 말씀하시는 방법을 이해하는 것이 다르다."라고 말했는데, 이 연구에서도 하나님의 음성을 듣고 구별하는 방법에 있어서 낮은 연령의 어린이들은 "그냥 그렇게 느껴요." "그냥 알아요."라고 말하며 그 차이점을 설명하지 못하지만 5학년, 혹은 6학년의 연령이 높은 어린이들은 어떻게 다르다는 것을 서술할 수 있는 점을 보아[97] 골드만이 지적한 대로 하나님의 음성을 듣고 구별하는 방법도 연령 차이가 있음을 보여주고 있다.

셋째로, 본 연구의 핵심인 어린이들이 대화의 기도를 할 수 있느냐의 질문에서는 단지 두 명이 긍정적인 대답을 했으며, 그 대화도 아주 짧은 것으로 보아 실제적으로 어린이들이 하나님과 대화의 기도를 할 수 있다는 지식을 가지고 의도적으로 대화의 기도를 하고 있는지에 관해서는 좀더 연구할 가치가 있다. 그러므로 기도 시간에 하나님과의 대화가 가능하다는 정확한 개념을 가지고 의도적으로 대화의 기도를 하는 것이 아니라면, 9-12세의 어린이들은 실제적으로 대화의 기도가 가능하지만 의도적으로 많은 연습을 하여 능숙하게 하고 있다고는 볼 수 없는 것이다.

넷째로, 기도 시간에 하나님의 음성을 듣고 대화하는 것은 그 요인이 대부분 부모, 혹은 교사, 목사의 영향이기에 기독교교육의 유무에 따라 어린이들의 기도 방식이 달라질 수 있음을 보여주고 있다. 또한 하나님의 음성을 듣고 하나님과 대화를 하는 어린이들의 신앙생활에 좀더 삶의 변화가 나타났는가 하는 질문을 몇 명의 어린이들에게 하였을 때, 부정적으로 대답한 어린이는 한 명도 없었는데, 그중에 두 명의 인터뷰를 소개한다.

[2학년 여자 어린이]

Q : 그런데 만일 네가 "하나님, 우리가 서로 사이좋게 지내게 해 주세요. 예수님 이름으로 기도합니다." 하면 그것은 너의 요구만 하나님께 말씀 드리는 일방통행의 기도잖아. 그런데 내가 묻는 것은 네가 하나님께 무엇을 구했을 때 하나님이 하시는 말씀을 들은 적이 있느냐는 거야.

A : 그분이 말하기를 "내가 너를 도울 것이다, 하지만 네가 오빠와 잘 지내려고 노력을 해야 한다."라고 말씀하셨어요.

Q : 그가 너에게 말씀하셨다고? 그래서 너는 뭐라고 대답했어?

A : 제가 말하기를 "내가 더 오빠를 도울게요."라고 말했어요.

Q : 그 후에 어떻게 했어?

A : 제가 그 후에 정말 더 주고 또 아주 공손하게 말했어요.

Q : 누가 정말 잘못한 거였어?

A : 저였어요.

Q : 어떻게 했는데?

A : 제가 오빠에게 소리를 질렀어요.

Q : 그 후에는 안 그랬어?

A : 그러긴 했지만 예전같이 그렇게 자주 소리 지르진 않았어요.

Q : 가끔 그러긴 했지만 그날 이후로는 그렇게 자주 그러지는 않 았다는 거지?

A : 싸우긴 하지만 매일 싸우지는 않고. 단지 우리 사이에 문제 가 있을 때만 싸워요.

Q : 하나님이 훈련하라고 말씀하셨니?

A : 네.

Q : 그래서 훈련하고 있어?

A : 훈련하고 있지는 않지만 오빠와 더 이상 싸우지 않으려고 노 력하고는 있어요.

[5학년 여자 어린이]

나는 교회에 가면 기도하고 노래하고 춤추는 것, 그리고 모든 사람 이 나에게 집중해 주는 것을 좋아하여 찬양 팀에 섰다. 그러나 하 나님의 음성을 들은 후부터는 나는 찬양을 나를 위해서가 아니라 하나님을 위해서 하며, 무대 중앙에서 사람들의 시선 집중을 받으 려는 것이 아니라 하나님의 집중을 받으려고 한다. 하나님이 언제 나 중앙에 있는 나를 보고 계시기 때문이다. 중요한 것은 다른 사 람들이 나를 어떻게 보느냐가 아니라 하나님이 어떻게 보느냐는 것이다. 나는 이전에 하던 것과 똑같이 큰 목소리와 큰 율동으로 하나님을 찬양하지만 달라진 점은 기쁨으로 한다는 것이다. 나는 하나님이 나와 함께 계시며, 나에게 큰 관심을 갖고 계신다는 것을 알아가고 있다.

이러한 결과로 본다면 올바른 기도 교육인 대화의 기도 교육이 행해질 때 어린이들은 대화의 기도를 실천할 수 있고 대화의 기도를 실천할 때 삶이 변하는 신앙의 성장을 가져올 수 있다. 그러므로 기독교교육에서 대화의 기도 가능성은 긍정적이라고 볼 수 있으며, 기독교 교육을 통해 대화의 기도를 가르치고 실천할 때 어린이들의 영적 성숙과 더불어 삶의 변화를 기대할 수 있다고 본다.

김영주(2013): 가정 혹은 교회-
대화의 기도에 영향을 끼친 요인에 대한 연구

김영주는 2013년 서울에 있는 세 개의 교회학교를(장로교 통합) 추출하여 초등학교 3-6학년 어린이 중(9-12세) 59명(남 30명, 여 29명)을 선택하여 면담하였다.

어린이들이 쉽게 대답할 수 있는 질문인, "기도가 무엇인지", "어디에서 기도를 배우게 되었는지", "대화가 무엇인지"의 질문 후에 "대화의 기도 경험이 있는지", 대화의 경험이 있다면 "누구에게 혹은 어디에서 배우게 되었는지" 심도 있게 질문하고 어린이들의 대답을 듣는 과정으로 면담하였다.

1. 대화의 기도에 대한 경험

대화의 기도에 대한 경험이 있다고 말한 어린이는 59명 중 18명(30%)으로 대화의 기도를 어떤 방법으로 하였느냐에 따라 네 가지로 분류하면 생각으로 대화한 경우(21명), 느낌으로 대화한 경우(5명), 성경 말씀으로 대화한 경우(2명), 그리고 꿈으로 대화한 경우(3명)이다. 여기서 한 어린이가 두 번 이상 대화의 경험을 이야기 한 경우에는 복수 체크가 가능하도록 했다.

1) 생각으로 하나님과 대화한 경우

생각으로 하나님과 대화한 경험을 다시 네 가지로 나누어 분석하면, 간구한 그것이 이루어질 것을 말씀하신 경우(9명), 간구에 하나님께서 조언해 주신 경우(7명), 질문에 대답해 주신 경우(1명), 간구에 어떤 생각이 떠오르게 된 경우(4명)로 분석될 수 있다.

① 어린이들이 간구petition한 것이 이루어질 것을 말씀하신 경우

이 범주에는 간구가 이루어질 것이라고 대답을 들은 경우로서 줄넘기 대회에 일등하고 싶어서 연습을 하면서 기도했는데 "일등할 수 있다."고 말씀하신 후 진짜 일등을 했다는 경험과, 엄마 아빠가 싸우셔서 새벽기도회에 가서 울면서 기도했는데 "안정적이 될 거야."라고 대답해 주셨고, 그 후로 사이가 좋아지셨다는 경험, 혹은 유치원 다닐 때 공포 캠프를 하는데 선생님들이 귀신으로 변장하고 지하로 내려 가게 했을 때 무서워서 "두렵지 않고 담대하게 해달라."고 기도했더니 하나님께서 "무서워하지 말라."고 대답하신 경험 등 어린이들의 간구에 모두 그대로 이루어지리라고 대답을 들은 경우이다.

② 어린이들의 간구에 하나님께서 조언을 해주신 경우

이 범주는 간구에 어떻게 하라고 조언을 해주신 경우이다. 예를 들어, 학교에서 친구가 거짓말로 자기를 모함하여 선생님께서 오해하여 다른 애들은 반성문을 한 장씩 쓰도록 하였는데, 자기에게는 계속 다시 쓰라며 석 장이나 쓰게 해서, 너무 억울하여 하나님께 "너무 괴로우니 좀 봐 달라."고 했을 때 하나님께서 "조금만 참아. 내가 옆에 있다."고 말씀하신 경험이나 또는 음악회를 할 때 다른 악기보다 피아노를 치는 자리에 가고 싶어 기도를 하였는데, 하나님께서 그냥 주어진 자리에서 최선을 다하라고 말씀하셨다는 것이다. 다음은 이 범주에 속하는 11세 남자 어린이와 10세 여자 어린이의 발췌문이다.

[11세 남자 어린이]

Q : 하나님과 대화한 다른 기억은?

A : 친구들이랑 친해지고 싶다고 하나님께 기도했는데 네가 더 친해지도록 노력하라고 하나님이 말씀하셨어요.

Q : 그래서 넌 뭐라고 했니?

A : 왜 그렇게 해야 하느냐고 물어봤어요.

Q : 그랬더니?

A : 하나님이 그건 친구들보다는 너의 마음에 친구들과 잘못 지내는 마음이 있으니 네가 바뀌어야 한다고 하셨어요.

Q : 하나님과 대화한 적 있어?

A : 3학년 땐가 2학년 땐가 그랬어요. 교회에서 친구들이 막 화
가 나서 저를 놀린 적이 있었는데, 그것 좀 조금만이라도, 한
번만이라도 잠깐만 안 듣게 해주시라고요. 그랬더니 하나님
께서 말씀하신 것 같아요

Q : 뭐라고 하셨어?

A : "그 아이들은 너를 놀리는 것이 아니라 습관이 되었기 때문에
네가 말을 하지 않으면 멈출 수는 없을 것 같다." 이렇게 말씀
하신 것 같았어요. 깜짝 놀라 하나님의 말씀대로 해봤더니.

Q : 어떻게 했어?

A : 친구들에게 제가 "너희들은 나를 놀리는 것이 재미있겠지만
나는 싫다고!" 조금만 자제해 달라고 했더니 진짜로 그 아이
들이 자제해 줬어요.

③ 어린이들의 질문question에 대답해 주신 경우

한 어린이가 대답한 것으로, 하나님은 왜 예수님을 이 땅에 보내셨
는지 물어보았는데 하나님께서 우리 사람들이 지은 죄를 보여 주기
위해서 예수님을 보냈다고 대답하셨다고 말했다.

④ 어린이들의 간구에 어떤 생각이 떠오르게 된 경우

어린이들의 경험은 기도하고 난 후에 어떤 생각이 떠오르게 된다

고 하였는데 예를 들어, 친구와 사이가 안 좋아서 하나님께 친구와의 사이를 풀어 달라고 기도했더니 편지 혹은 문자를 보내는 것이 생각나서 시도하면 그 이후에 풀어졌다고 했고, 동생을 많이 괴롭혔는데 괴롭히지 않고 화목하게 해달라고 기도했더니 (스트레스를 동생에게 풀지 말고) 음악을 들으면서 스트레스를 풀자는 생각이 들었다는 등, 기도하면 그것을 해결할 수 있는 방법이 생각났다고 하였다.

2) 느낌으로 하나님과 대화한 경우

하나님께 기도하였을 때 왠지 마음이 편안해지고, 용기를 북돋아 주시는 느낌이 있다고 하거나, 급한 일을 당했을 때 원래 몹시 흥분하는 성격인데 기도하면 마음이 갑자기 편안해지거나, 죄를 지었을 때 기도하면 죄가 씻겨 나가는 느낌이 있거나, 친구에게 거짓말을 하려고 할 때 하나님이 그러면 안 된다고 하는 것이 느껴져서 거짓말을 안 했거나, 또한 마음속에 예전 모습이 나오면 뭔가 불안한 느낌이 들었다고 말한 어린이들이다.

3) 성경 말씀으로 대화한 경우

두 명의 어린이가 성경 말씀으로 대화하였다고 했는데 그중에 한 아이는 동생이 자기의 열쇠를 잃어버려 걱정하고 있을 때 하나님이 말씀을 생각나게 하셨다는 이야기를 하였다. 그의 발췌문이다.

A : … 솔직히 그때는 하나님한테 뭐 해주세요. 그런 것보다는 엄마한테 혼날까 봐 무섭다고, 그런 식으로만 하나님한테 기도했어요. 근데 하나님이요. 그때 딱 저한테 어느 말씀인지 모르겠는데 "두려워하지 말라."는 말씀이 갑자기 생각이 나는 거예요. 그래서 제가 정말 깜짝 놀라서 문을 잠그고 일단 나왔어요. 그런데 누가 경비실에 열쇠를 맡겨 놓은 거예요. 그래서 열쇠를 찾았던 경험이 있어요.

4) 꿈으로 대화한 경우

3명의 어린이가 이 범주에 속하며, 전국 찬양대회를 앞두고 노래 연습을 하면서 기도했을 때 하나님께서 꿈에 "제가 재능을 타고 났지만 연습 부족이라."고 하셨고, "가르쳐 주시는 선생님께 귀를 잘 기울이지 않는다."고 지적해 주셨다고 하였으며, 다른 어린이는 회장이 되게 해달라고 기도했는데 "회장이 되게 해준다."고 말씀하신 후 정말 회장이 되었다는 경험, 그리고 동생 생기게 해달라고 기도했는데 꿈을 통해 "동생이 태어날 거다." 라고 말씀하신 후 정말 동생이 태어났다고 말하였다.

2. 대화의 기도에 영향을 끼친 요소

대화의 기도에 영향을 끼친 요소들은 무엇일까? 대화의 기도 경험이 있다고 한 어린이들의 대답을 분석해 보도록 한다.

대화의 경험이 있는 어린이들 18명의 대답 중, 가정 (할머니, 어머니, 아버지, 부모님(8명)), 교회(목사님, 전도사님, 선생님(6명)), 스스로(4명), 친구(1명), 학교(1명)의 영향으로 분석되었다. 여기서 영향의 원인을 두 곳 이상 말한 어린이들이 있기에 전체 어린이 숫자에 차이가 있음을 밝힌다.

1) 가정의 영향

가정의 영향을 받은 8명의 어린이 중 엄마에게 영향을 받은 어린이가 5명으로 예를 들어, 하나님께 물어보면 대답해 주실 수도 있다고 하거나(11세, 남), 기도는 마음을 다해서 하나님과 대화하는 것이라고 (10세, 여) 말했다. 또한 할머니의 영향이 1명으로 기도하면 마음속에 하나님이 대답해 주신다고 하셨고(9세, 여), 아빠의 영향이 1명으로 하나님께서 내 이야기를 들어주신다고 (11세, 남), 그리고 부모님이라고 대답한 어린이도 1명이 있다. 그러나 "내 얘기를 들어주신다."라는 의미는 독백monologue의 뜻으로, 이 연구에서 말하는 조작적 정의의 '대화'에 대한 정확한 대답을 하지 못한 한 어린이를 빼면 7명의 어린이가 정확하게 대화의 의미를 알고 대답을 한 것으로 볼 수 있다.

2) 교회의 영향

6명 중 좀더 구체적으로 질문했을 때 대답을 못한 어린이 3명을 제외하면 3명의 어린이만 '대화'의 의미를 정확히 파악하고 대답한 것으로 보인다. 다음은 어린이들의 대답이다. "목사님이 기도하면 대답이 돌아올 것이라고, 그러니까 말씀으로 응답해 주신다"(11세, 남). "전도사님이 (하나님의) 말을 듣는다는 것은 직접적으로 이렇게 듣는 게 아니라 하나님께서 내 안에 이렇게 말을 심어 주신다고 하셨어요."(12세, 여)

3) 스스로

어린이들 중에는 하나님과의 대화를 스스로 알게 되었다고 대답한 어린이도 4명이 되었다. "저 혼자 기도하고 느낀 거에요."(10세, 여)라든지 "그냥 속으로 느꼈어요."(10세, 여)라고 대답하여 스스로 알게 된 어린이도 있음이 밝혀졌다.

4) 친구를 통하여

한 어린이는 친구들에게서 영향을 받았다고 말하였다.

[10세 여자 어린이]

Q : 하나님이 대답하시는 것을 누구와 이야기한 적 있어?

A : 친구들과 말한 적 있어요. 친구들도 저에게 말하고, 저도 친구들에게 말한 적 있어요.

5) 학교의 영향

학교에서 하나님과 대화할 수 있다고 배웠다고 하는 어린이가 1명 있었다.

[9세 여자 어린이]

Q : 하나님이 말씀한다고 얘기하셨어? 뭐라고?

A : 하루하루를 살다 보면 하나님께서 다니엘에게 하신 것처럼 말씀하시고 그렇게 한다는 것을 예를 들어가면서 다니엘 예배 때 알려 주셨어요.

Q : 학교? 교회?

A : 학교에서요. 저희는 목사님이 월요일마다 오시고 목요일에 큐티하고 선생님이랑 얘기하는 시간이 있거든요. 선생님이 말해 주셨어요.

3. '대답' 과 '응답'에 대한 이해 부족 현상

어린이들과 면담을 하면서 새로운 현상들이 나타났다. 기도가 무엇이라고 생각하느냐의 질문에 기도는 하나님과의 대화conversation, 즉 서로 주거니 받거니 하는 쌍방향 의미로 대답한 어린이가 57명 중 36명(63%)이었으며, 57명 중 10명(17%)의 어린이가 일방적인 방향, 즉 말하는 것, 마음을 드리는 것이라고 대답하였다. 또한 기도가 하나님과의 대화라면, '대화'의 구체적인 뜻이 무엇이라고 생각하느냐의 질문에 23명의 어린이 중 20명의(87%) 어린이가 서로 주고받는다는 의미로 대답한 것을 볼 수 있다.

그렇다면 어린이들 대다수가 '대화'라는 의미를 알고 있다고 해도 잘못된 주장은 아닐 텐데. 기도는 하나님과의 '대화'라고 말하면서 서로 주고받는 '말로의 대답'이라는 의미보다 '행위로서의 응답'이라는 의미로 쓰여지는 현상들이 나타나는 것을 볼 수 있다. 다음은 어린이들의 발췌문이다.

[10세 남자 어린이]

Q : 하나님께 물어보면 대답하실 거라고 얘기해 준 사람?

A : 예, 있어요. 큰 아버지.

Q : 뭐라고 하셨어?

A : 뭐라고요? 말하면 들어주신다고.

Q : 언제?

A : 아, 할아버지 산소에 가서요. 예배드릴 때.

Q : 응답이 아니고 하나님이 대답해 줄 거라고 얘기해 주신 사람?

A :   그런 건 없는데.

[10세 여자 어린이]

Q :   기도가 하나님과 대화하는 것이라고 가르쳐 준 사람?
A :   엄마가 그렇게 얘기해 주셨는데 아직까지 직접 응답을 받아
      본 적은 없어요.
Q :   엄마가 뭐라고 가르쳐 줬어?
A :   하나님께 간절히 기도하면 응답해 주신다고요.
Q :   응답 말고 대답해 준다고 가르쳐 준 적은?
A :   없었어요.

4. 대화 기도에 대한 어린이들의 반응

대화 기도에 대한 어린이들의 반응이 여러 가지로 나타났다. 어린
이들과의 면담을 소개한다.

1) 곧바로 실천에 옮김

[10세 여자 어린이]

Q :   엄마가 가르쳐 준 이후로 네가 들으려고 노력해? 지금도 그

렇게 하려고 노력하니?

A : 네.

Q : 하나님의 말씀을 들으려고 어떻게 노력해?

A : 네. 그냥 방금 말한 것처럼 말씀 안 해주셔도 기도하면서 놓
치지 않고 계속 기도하는 것 같아요.

2) 대화하고 싶은 열망을 표현함

[9세 여자 어린이]

Q : 너는 시도해 봤어?

A : 네. 들으려고 계속 기도는 했는데 꿈에서만 들었지, 실제로
듣지는 못했어요.

Q : 어떻게 시도했어?

A : 제가요 성경을 열 장씩 공책에 쓰는 걸 해요. 매일매일 하고
있는데, 그렇게 하면서 시작할 때도 기도하고, 다한 다음에
마지막 기도를 하잖아요. 끝내는 기도요. 우리 아빠도 그렇
게 하는데요. 그럴 때 아빠처럼 저도 똑같이 해봤거든요. 그
런데 계속 안 되는 거예요. 지금까지도 매일매일 하고 있는
데 들어 본 적은 없어요.

Q : 언제부터 노력했니?

A : 1학년 때부터요.

3) 대화의 기도 방법을 모름

[10세 여자 어린이]

Q : 기도가 대화라는 것을 누가 가르쳐 주었니?

A : 안 가르쳐 주고 저 혼자 기도하고 느낀 거예요.

A : 제가… 그때가 처음이고 그 다음부터는 안한 것 같아요.

Q : 또 시도해 봤니?

A : 시도해 본 적은 없어요. 해보고 싶었지만 어떻게 하는지 몰라서 시도해 본 적은 없어요.

Q : 누가 기도는 대화라고 가르쳐 주면 할 마음이 있니?

A : 네. 꼭 해보고 싶어요.

4) 지쳐 있음을 표현함

[11세 남자 어린이]

Q : 하나님과 대화한 적 있니?

A : 내가 말하지, 하나님은 말 안 하셨어요.

Q : 뭐라고 기도했어?

A : 회개합니다. 감사합니다.

Q : 하나님께 물어보면 대답한다고 어머니께서 말씀해주셨어?

A : 네.

Q : 음성을 들으려고 노력했니?

A : 들을 때까지 계속 기도했어요. 그런데 대답 안 하셔서 지쳤어요.

연구 결과를 통하여 두 가지를 생각해보고자 한다.

첫째로, 대화의 기도에 영향을 끼친 것에 대하여 살펴보면 대화의 기도 경험이 있는 어린이들 중 가정과 교회, 친구, 그리고 학교에서 듣거나 배웠다고 대답한 어린이들이 50%인데, 이 어린이들은 사무엘과 같이 누군가가 가르쳐 주었기에 더 많은 대화의 기도 경험이 가능했다고 볼 수 있다.

대화의 기도는 학습으로 더 효과를 볼 수 있다고 이미 말했었는데 과연 어린이들에게 교육이 어떤 효과를 자아냈는지에 대한 나의 경험을 Tip 10,[98] 11[99]에서 소개하려 한다.

둘째로, 이번 연구 결과에서 대화의 기도에 대한 어린이들의 반응은 여러 가지로 나타났다. 어떤 어린이는 부모로부터 혹은 교회에서 하나님과 대화할 수 있다는 것을 배우고 난 뒤 곧바로 실천에 옮긴 어린이들도 있었으며, 하나님과 대화하고 싶은 열망을 표현한 어린이도 있었다. 대화의 기도가 가능하다는 것은 알지만 어떻게 하는지 몰라 안타까워하는 어린이도 있었고 또한 시도를 많이 했지만 들을 수가 없어 실망을 하고 있다고 대답하는 등 여러 가지의 반응을 보였다.

이런 결과는 무엇을 의미하는가? 여기서 그로스만Grossmann의 말을 좀 인용하자.

"내 기도는 더 이상 독백이 아니라 대화가 되며, 그 안에서 우리는 마음에 품고 있는 것들을 서로 이야기할 수 있다. 그러나 현실은 오랫동안 아주 달랐다. 나는 하나님께 늘, 내게 무슨 일이 일어났고 내가 바라는 것과 그분께서 해주셔야 할 것들을 말했다. 그때 그분은 그 모든 것을 더 잘 아셨다. 그런데 난 그분의 생각을 전혀 알지 못했다. 내가 그분의 말씀에 귀 기울일 수 없는데, 어떻게 그분이 나와 친밀함으로 함께하실 수 있겠는가?"[100]

이렇게 고백한 그로스만일지라도 하나님과 대화의 기도를 하는 것이 아직은 우리에게 익숙한 것이 아니라고 말하고 있다. 나도 그의 의견에 충분히 동의를 표한다. 그렇다. 대화의 기도는 아직 어린이뿐 아니라 어른에게도 익숙한 것이 아니라고 생각된다. 그럼에도 우리 어린이들이 고백하는 말들은 대화의 기도를 하지 않고는 이제 더이상 신앙생활을 유지할 수 없음을 나타내고 있는 것이다. 다시 말해, 여러 가지 신앙생활에 있어 이해되지 않는 문제들, 받아들일 수 없는 문제들, 억울한 문제들, 두려운 문제들, 참담한 문제들 등 많은 문제들에 대하여 참 신이시고 우리의 아버지인 하나님께 묻고 대답을 듣는 대화를 통하여 문제를 이해하고 풀게 되어야만 하나님과의 신뢰 관계가 형성되며 서로 이해할 수 있게 되어 건강한 신앙을 장기적으로 유지할 수 있게 되는 것이다.[101]

김영주(2020): 대화의 기도,
교육으로 가능하다.

김영주는 헬로교회[102] 어린이들을 대상으로 2020년 9월에 대화의 기도를 주제로 면담을 실시하였다. 면담 내용의 핵심은 기도 시간에 하나님의 음성을 듣고 있는지 혹은 대화를 하고 있는지에 대한 연구인데, 특별히 기도는 하나님께 무엇을 달라고 하는 일방통행이 아닌 대화, 즉 양방통행임을 배우고 난 후 기도의 방법이 어떻게 달라졌는지에 대해 중점을 두고 10세, 12세, 13세 여자 어린이 세 명을 인터뷰하였는데 적은 숫자이기는 하지만 중요한 의미가 담겨 있어 소개하도록 한다.

면담의 결과를 네 가지로 분류하여, 하나님의 음성을 들은 경험, 대화한 경험, 하나님의 음성을 구별하는 방법, 대화의 기도 교육의 영향을 필자의 말이 아닌 어린이들의 생생한 인터뷰를 구어체 그대로 정리해본다.[103]

1. 하나님의 음성을 들은 경험

[10세 .여자 어린이]

초등학교 들어가기 전에 한 번, 초등학교에 들어가서 한 번, 하나님이 교회에서 말씀하신 것을 들은 경험이 있다고 대답하였다.

초등학교 들어가기 전

A : 그때 기억은 잘 안나지만 어쨌든 하나님이 엄마 말이나 아빠 말에 순종하라시는 거 같았어요.

Q : 하나님이 하신 말을 들은 경험이 있느냐고 물었는데 너는 지금 엄마가 한 말을…

A : 느낌이었어요.

Q : 하나님의 음성을 듣는데 엄마가 말한 것같이 들었다고?

A : 네.

Q : 아니면, 엄마가 옆에서 얘기를 했다고….

A : 엄마가 말한 것처럼 들렸어요.

Q : 엄마가 말한 것처럼? 엄마가 옆에 있진 않았는데?

A : 네.

Q : 그냥 엄마가 말한 것같이 들렸다고?

A : 네.

Q : 하나님이 말씀하셨는데? 근데 그게 하나님의 말씀인지 네가

어떻게 알았어?

A : 제가 무슨 소리지? 하고 눈떠봤을 땐 엄마는 큰아빠 성경책 찾아주러 가고 있었어요. 성경책 몇 페이지인지 알려 주려고 가고 있었어요. 그래서 엄마가 말한 건 아니구나 했죠.

Q : 응. 엄마가 말한 건 아니구나 했어?

A : 네.

Q : 너는 그래서 하나님이 말씀하신 거구나 그렇게 생각했다고?

A : 네.

초등학교에 들어간 후

Q : 초등학교에 들어가고 난 다음에는 그런 경험이 한 번도 없었니?

A : 한 번 있었던 거 같아요.

Q : 한 번? 그때는 뭐라고 하셨어?

A : 하나님이 거짓말한 거 싹 다 보고 계신다고 순종하며 살래요.

Q : 응. 거짓말하는 거 보신다고, 다 알고 계신다고… 그건 언제 그랬어?

A : 기억이 잘 안 나지만 유치원 졸업하고 교회 두 번 간 후에.

Q : 교회 두 번 간 후에? 엄마, 아빠랑 간 후에?

A : 네.

Q : 그것도 똑같이 엄마 목소리처럼 들렸어?

A : 아니요. 초등학교에 가니까 이제 엄마가 하는 것처럼 안 들리고 그냥 마음속에 들리는 것처럼 들렸어요.

Q : 마음속에서? 기도하다가?

A : 네.

[12세 여자 어린이]

Q : 맨처음 하나님의 음성을 들었던 경험이 언제였는지 말해줄 수 있니?

A : 여기 다니면서요. 교회 다니면서요. 여기 헬로교회.

Q : 헬로교회 다니면서? 그럼 일 년 전에?

A : 네.

Q : 뭐라고 말씀하셨니? 뭐라고 말씀하시는 걸 네가 들은 것 같아?

A : 처음에 들은 건 기억이 잘 안 나는데, 요즘에 계속 듣는 건 하나님이 항상 함께하신다는 거, 많이 듣는 거 같아요.

Q : 그러니까 우리가 설교 끝나고 기도하기 전에 "하나님의 음성을 들으세요."라고 한 그때를 얘기하는 거니?

A : 네.

[13세 여자 어린이]

Q : 하나님이 너한테 뭐라고 말씀하시는지 하나님의 음성을 들

은 기억들이 있니?

A : 네.

Q : 혹시 언제 제일 처음 들었어?

A : 처음 들은 거요? 헬로교회에서 기도에 대해 배우고 나서 기도할 때 들었어요.

Q : 우리가 설교 끝나고 나서 하나님의 음성을 들읍시다. 그럴 때?

A : 네.

Q : 그때가 제일 처음이야?

A : 네. 그때가.

Q : 그러면 그때 뭘 들었는지 기억을 해봐. 예를 들어서,

A : 예를 들어서, 왜 요번 코로나19 때, 그러니까 코로나와 관련된 기도를 했었는데 그때 하나님께서 우리가, 어느 정도 우리가 할 일을 지키면 하나님께서도 도와주신다고 하셨어요.

Q : 맞아. 네가 그렇게 얘기한 적 있어.

A : 네.

Q : 그리고 또 기억나는 거 있어?

A : 또 기억나는 거요? 오늘 들은 건데… 이것도 코로나19 때문에 시국이 시국인지라 많이 모이면 안 되잖아요. 근데 예배 드리고 기도도 하는 모습들이 참 보기 좋다고 하셨어요.

Q : 하나님이?

A : 네.

2. 하나님과 대화한 경험

[10세 여자 어린이]

Q : 하나님이 뭐라고 말씀하시고, 네가 대답했던 기억이 있니?

A : 그건 꿈속에서 한 번 느낀 것 같아요.

Q : 꿈속에서? 뭐라고 하셨어 하나님이?

A : 하나님이 꿈속에서 "네가 뭘 해도, 네가 기억을 못해도 나는 기억하고 네가 힘들 때도 내가 지켜주고, 옆에서 같이 있어 줄 것이다." 해서 내가 "알겠습니다." 라고 대답한 것 같기도 하고, 하나님이 그 뒤에 또 뭐라고 하시니까 저도 뭐라고 말한 것 같아요.

Q : 하나님이 지켜주겠다 하니까 네가 "알겠습니다." 이렇게 대답했어?

A : 네.

Q : 그런데 그게 꿈속에서 그런 거라고?

A : 네.

[12세 여자 어린이]

Q : 그러면 그건 하나님의 음성을 들은 거고. 하나님이 뭐라 말씀하시고, 너는 거기에 대답하고, 이런 것들은 없었어? 그러니까 말하자면 대화를, 내가 너와 대화하잖아?

A : 네. 아직까지는 없어요.

Q : 얘기를 하신다고? 그러면 하나님과 대화한 그런 기억은 있
    어? 하나님의 음성을 그냥 듣는 거 말고, 네가 하나님한테
    뭔가를 물어보고. 그러면 하나님이 뭐라고 대답하시고, 네가
    또 거기에 대답하고… 이런 식으로 대화를 한 적은 있니?
A : 대화는…
Q : 그런 건 없어?
A : 아직요.

3. 하나님의 음성을 구별하는 방법

[10세 여자 어린이]

Q : 마지막으로 한 가지 더. 우리가 기도할 때, 1분 동안 하나님
    음성을 듣고 나누자 그러잖아?
A : 네.
Q : 그런데 오늘도 네가 하나님이 때가 되면 기도 제목을 다 이
    루어 주신다고 말씀하신다고 그랬잖아.
A : 네.

Q : 네가 아까 엄마가 하는 얘긴가 하고 뒤를 보니까 엄마는 큰 아빠 성경책을 찾아주러 가셨잖아. 그런데 그게 하나님이 하시는 이야기라는 걸 네가 어떻게 알아?

A : 엄마는 가까이 있지도 않았고.

Q : 그러니까 그때는 네가 뒤돌아봤더니 엄마가 안 계셔서 아! 하나님이구나! 그랬잖아. 그리고 지금 우리 헬로교회에서는 항상 하나님의 음성을 듣고 나누자고 하잖아.

A : 네.

Q : 그때 하나님의 음성인지 어떻게 알 수 있어?

A : 그거 계속 기도 한마디 하고 기다리면요, 어떤 말이 들려와요. 제가 오늘은….

Q : 그러니까 예를 들어서 네가 하는 생각일 수도 있잖아. 예를 들어서, 그렇지?

A : 네. 그렇기도 하죠.

Q : 응. 그런데 그건 내 생각이 아니에요, 이렇게 말할 수 있는 뭔가가 있냐는 거지.

A : 있진 않죠. 있는 건 아니죠.

Q : 있는 거는 아니야? 그러면 우리가 하나님의 음성을 듣고 얘기합시다 할 때 어떻게 네가 그 얘기를 하는지 궁금해.

A : 음, 기도하고 기다리고 그 다음에 하나님이 주신 생각이다 싶으면 말하기도 하고 뭐가 안 좋게 들린다, 안 좋은 거다. 그런 느낌이나 생각이 들면 그런 거는 하나님 음성이 아닌 거 같아요.

Q : 그런 것을 네가 어떻게 구분하냐고. 이건 안 좋은 거다, 이건 하나님의 음성이다 하는 것을 네가 구분할 수 있는 뭔가가 있어?

A : 뭐가 있는 건 아니지만 창우교회도 다니구 헬로교회도 다니다 보니까 하나님의 음성이 무엇인지도 알게 되고 여러 가지 배우기도 하고 그러니까.

Q : 아까 그 이야기를 해 봐. 기도하고 나서 하나님의 음성을 들읍시다 하고 눈을 감으면 그다음에 어떻게 돼? 뭐가 들려? 아니면 무슨 생각이 나? 뭐가 어떻게 되는 거야?

A : 들리지는 않고 제가 먼저 기도 제목 중에 하나 골라서 말하고 나면 좀 시간이 지나고 나서 무슨 목소리가 들리는 거 같아요.

Q : 무슨 목소리가 들리는 거 같아? 그래서 네가 하나님이 말씀하시는 거 같습니다, 라고 얘기하는 거야?

A : 네.

Q : 조금 기다리면?

A : 네.

Q : 그런데 안 들리는 때도 있어?

A : 네, 안 들릴 때도 있어요.

Q : 안 들릴 때도 있어서 안 들릴 땐 그냥 이야기를 하지 않는 거야?

A : 네.

Q : 그러다가 들리면 이야기를 하고?

A : 네.

Q : 무슨 말인지 알겠어. 그러면 하나님이 네가 말하면 들으시고, 대답도 하시고 하는 것들은 확실히 알고 있는 거니?

A : 네. 그렇죠.

[12세 여자 어린이]

Q : 저번에 내가, 기도할 때는 이게 내 생각일 수도, 사탄이 주는 생각일 수도, 하나님이 주시는 음성일 수도 있다고 했잖아?

A : 네.

Q : 네가 지금 하나님이 나한테 한 번 얘기한 적 있다고 했잖아. 그런데 그게 하나님이 하신 얘긴지 아닌지 알 수 있는 방법이 있어?

A : (침묵 5초) 없는 거 같아요. 근데 제 생각으로는 도저히 나올 수 없는 말이었어요. 그러니까 제 생각으로는 그런 말이 진짜, 지금까지 한 번도 그런 적이 없었는데 그때 처음 들렸어요. 그 말이…

Q : 그런데 그게 무엇인지는 기억이 잘 안나?

A : 네.

Q : 무슨 기도제목 갖고 했는지도 기억이 안나?

A : 네.

Q : 한 번 있었다고?

A : 네.

Q : 우리 헬로교회에서 설교 끝나고 기도하잖아. 그러고 나서 하나님의 음성을 들었으면 얘기를 나누라고 하잖아.

A : 네.

Q : 그때 그것이 하나님이 나한테 주시는 음성인지 알 수 있는 무슨 방법이 있어?

A : (침묵 11초) 모르겠어요.

Q : 그냥 막 생각나는 대로 하는 것은 아니잖아 그렇지?

A : 네.

Q : 이것이 하나님이 주시는 생각이구나, 음성이구나 하는 뭔가가 있으니까 너희들이 얘기를 하는 것 아니니?

(아~ 뭔가 깨달은 듯이 내담자가 소리 지름)

A : 그게 계속 들릴… 계속 머물러요 생각이.
원래 제 생각 같은 경우는 한 번 생각하고 나서 갑자기 없어져 버리는데 그런 말은 계속 기억이 나요.

Q : 아, 그게 계속 오랫동안 머문다고?

A : 네. 원래는 뭐 10초 정도 있으면 사라져 버리는데 길게는 1분 정도 계속 그 말이 떠올라요.

Q : 그래서 그것이 하나님의 음성이라서 내가 얘기를 해야 되겠다 하는 생각이 든다는 거니?

A : 네.

Q : 그래서 이제는 얘기를 한다는 거야?

A : 네.

[13세 여자 어린이]

Q : 응. 그러면 이제 우리가, 하나님의 음성을 듣고 서로 나눠보
도록 하자 그러잖아. 그럼 오늘도 네가 코로나19임에도 예배
드리는 것을 하나님이 기뻐하시는 거 같다고 얘기했는데, 그
것이 하나님이 주시는 음성인지 네가 생각하는 건지 어떻게
구분할 수가 있어? 구분이 되니? 그것이 하나님이 주시는
생각인지 어떻게 알 수 있어?

A : 아… (침묵 3초) 그게… (침묵 5초) 그러니까 뭐였더라. (침묵 6
초) 잘 모르겠어요. 잘 모르겠는데… 배웠는데 까먹었어요.

Q : 아니, 네가 배운 것으로 정답을 말하려고 하지 말고, 너의 경
험에서, 나는 그것이 하나님의 음성인 것 같아서 얘기를 합
니다, 이런 뭔가가 있을 거 아니야.

A : (침묵 4초) 그런 경험에서… (한숨…)

Q : 다른 생각이 들 수도 있잖아 그 순간에.

A : 네.

Q : 그런데 이것이 하나님이 주시는 거다, 이렇게 이야기하는 거
지?

A : 네.

Q : 왜 네가 그것을 하나님이 주시는 음성으로 생각하고 우리에
게 말하는지 궁금해. 무슨 질문인지 이해했니?

A : 네.

Q : 독특한 뭔가가 있니? 아니면…

A : 뭐 독특하다거나 그런 건 없는 거 같아요.

Q : 없는 거 같은데 그러면…

A : 뭐랄까…

Q : 그냥 생각나는 대로 얘기하는 거야?

A : 기도했을 때 그러니까… 기도하고 나서 생각났을 바로 딱 그러면서 뭐랄까…

Q : 기도하고 나면 딱 그 생각이 나?

A : 예.

Q : 그러고 나서?

A : 네.

Q : 얘길 하는 거야?

A : 네.

Q : 그러면 집에서는 그렇게 기도하면 이렇게 딱 생각이 안 나?

A : 에~~~

Q : 그런 경험은 없었어?

A : 집에서도 있기는 있는데 잘 기억이 안 나요.

Q : 여기서는 너에게 얘기를 하라고 하면 이야기하잖아? 항상 네가 기도를 하고 나서 처음에 딱 드는 생각이 있으면 그것을 하나님의 음성이라고 생각하고 이야기하는 거야? 지금까지?

A : 아니, 그런 게 아니라.

Q : 여태 계속 그렇게 생각한 다음에 처음으로 떠오른 생각이 있으면 이야기를 했니, 아니면?

A : 그랬던 거 같아요.

Q : 처음에 생각나는 그 생각?

A : 네.

Q : 그래서 그것을 하나님이 주시는 생각이라 생각하고, 믿고, 그 말을 한다는 거지?

A : 네.

Q : 그런데 그것이 하나님이 주시는 음성이라는 생각이 들어?

A : 네.

Q : 지금도?

A : 네. 그런 거 같아요.

Q : 왜 그런 생각이 들어?

A : (침묵 9초)

Q : 그러니까 예를 들어서 아닐 수도 있잖아, 그렇지?

A : 네.

Q : 응. 그런데 네가 지금 확신 있게 얘기하고 있잖아.

A : 네.

Q : 그런 무슨 확신이 있느냐는 거지. 그것을 네가 어떻게 알 수 있느냐는 물음이야.

A : 아~~~

Q : 몰라도 괜찮아. 근데 혹시 나는 이게 하나님의 음성이라고 생각한다. 이런 뭐가 있냐고 질문하는 거야.

A : 아까 기도는 대화라고 말했잖아요.

Q : 응.

A : 그러니까 제가 기도했을 때 딱 드는 생각이, 대화는 서로 주고받는 형식이잖아요. 그래서 기도할 때 제일 먼저 드는 생각이 하나님께서 내게 주시는 음성이라는 생각이 들어서 그렇게 말했어요.

Q : 음성이라는 생각이 들어서 그렇게 한다고? 아, 무슨 말인 줄 알겠어.

A : 네.

4. 대화의 기도 교육의 영향

[10세 여자 어린이]

Q : 그런데 우리가 기도하기 전에 1분 동안 하나님의 음성을 듣기로 하자고 했는데, 그런 거를 네가 처음 배웠니, 아니면 예전부터 알고 있었던 거니?

A : 처음 배운 거죠.

Q : 처음 배운 거야?

A : 네.

Q : 응. 하나님이 우리한테 말씀하신다는 그 사실을?

A : 네.

Q : 그런데 그것을 배우고 나서 무슨 생각이 들었어?

A : 그거 배우고 나서는, 내가 예전에 들었던 마음속 소리나, 엄

마가 말한 것처럼 들린 거는 다 하나님이 착하게 살라고 말하신다는 것으로 느끼게 된 것 같았어요.

Q : 아, 정말 하나님이셨구나, 하나님이 말씀하시는 거였구나, 그렇게?

A : 네, 그런 식으로 느꼈어요.

Q : 헬로교회에서 우리가 기도할 때에 하나님께 뭐 주세요, 뭐 주세요, 이렇게 일방적으로 독백처럼 말하는 게 아니라 우리가 하나님께 얘기하면 하나님이 다 듣고 대답하신다고 배웠잖아.

A : 네. 그렇죠.

Q : 그것을 배우기 전과 배운 후에 너의 기도가 좀 바뀌었니?

A : 조금은 바뀐 거 같아요.

Q : 어떻게 바뀐 거 같아?

A : 제가 맨 처음에는 그냥 하나님, 무서운 꿈 안 꾸게 해주세요. 하고 제 할 말만 하고 하나님이 해주시는 말은 안 듣고 그냥 예수님 이름으로 기도드렸습니다. 아멘! 하고 끝낸 거 같았는데, 지금은 한마디 하더라도 30초나 그 이상은 기다리는 거 같아요.

Q : 음… 할 말을 하고 나서 이젠 기다린다고? 하나님이 뭐라고 말씀하시는지?

A : 네.

Q : 그러면 헬로교회에서 기도는 그냥 뭐 주세요, 뭐 주세요, 하는 것이 아니라 하나님과 대화를 하는 거다. 독백이 아니라 양방통행이다. 이렇게 배웠잖아?

A : 네.

Q : 그러니까 그걸 배우기 이전 너의 기도 생활과 그걸 배우고 난 후 너의 기도 생활이 달라졌어?

A : 네.

Q : 어떻게 달라졌어?

A : 예전에는 기도할 때 그냥 눈 감고 아무 생각 없이 있고 그랬거든요. 근데 여기 헬로교회 다니면서는 기도하면 말하는 문장이 바로바로 막 생각이 나요.

Q : 바로바로?

A : 네.

Q : 네가 하나님한테 하는 문장이?

A : 원래 기도할 때는 그냥 눈만 감고 있었는데 여기 다니면서 점점….

Q : 할 말이 많아졌어?

A : (웃음)

Q : 할 말이 많아졌어 하나님한테?

A : 네. 할 말이 많아지고… 하나님이 하시는 말도 듣고… 그렇게 바뀌었어요.

Q : 할 말이 많아졌어 이제? 그리고 이제는 하나님이 뭐라고 말씀하시는 것도 듣고?

A : 네.

[13세 여자 어린이]

Q : 헬로교회 오기 전에도 기도는 하나님과 하는 대화다. 일방통행이 아니라 쌍방통행이라고 배웠니?

A : 네?

Q : 배운 적이 있는지 물은 거야.

A : 아니요. 없어요.

Q : 그런 건 없고? 그럼 헬로교회 오기 전에 하나님의 음성을 들었던 경험은?

A : 없어요.

Q : 여기 와서 하나님의 음성을 듣고 그러는 거야?

A : 네.

Q : 그러면 그 이전에는 기도를 어떻게 했었는데? 헬로교회에서 기도는 대화다, 독백이 아니다 해서 너의 기도 생활이 달라졌어?

A : 크게는 못 느끼지만 그래도 훨씬 더 자주 하게 된 거 같아요.

Q : 기도를 자주?

A : 네.

이 연구 결과를 통하여 네 가지를 생각해보고자 한다.

첫째, 어린이들이 하나님의 음성을 확실히 듣고 있음이 이 연구에서 밝혀졌다. 10세 어린이는 초등학교 들어가기 전의 경험을 이야기하며, 하나님께서 엄마 말이나 아빠 말에 순종하라고 하셨는데, 그것이 엄마가 하는 말인 줄 알고 주위를 둘러보니 엄마는 큰아버지 성경을 찾아주러 가시고 그 자리에 안 계셔서 하나님이 하신 말씀으로 생각했다고 말했다. 그 이후 헬로교회에 와서 하나님께서 우리에게 말씀하신다는 것을 배우고 난 후, 그것이 정말로 하나님께서 말씀하신 것이라는 것을 깨달았다고 했다. 또한 초등학교에 들어가고 난 후에도 하나님이 거짓말하거나 나쁜 행동을 하면 모두 훑어보신다고, 순종하며 살라고 하셨다고 했다. 이 어린이는 요즈음 헬로교회에서 지난 몇 주 동안 계속 하나님께서 때가 되면 기도 제목을 이루어 주신다고 하셨다고 나누고 있는데, 실제로 필자의 기도 제목이 계속적으로 이루어지고 있는 것을 경험하고 있다.

12세 어린이도 하나님께서 언제나 우리와 함께하신다고 말씀하는 것을 기도 중에 들었다고 말하며, 13세 어린이는 헬로교회에서 코로나19 때문에 기도했을 때 하나님께서 우리가 해야 할 것은 우리가 노력해야 하고, 또 하나님께서도 우리를 도와주신다고 하셨고, 코로나19에도 모여서 예배드리고 기도하는 모습이 참 보기 좋다고 하셨다는 것을 들었다고 했다.

필자가 어린이들의 인터뷰를 들으며 진실로 하나님께서 어린 영혼들에게 역사하고 계심을 느꼈다. 그들의 인터뷰에 거짓이 없었음을 확인하게 되었으며 13세 어린이가 하나님의 음성을 듣고 코로나 상황에도 모여서 예배드리고 기도하는 모습이 참 보기 좋다고 말했던 주일에 필자는 얼마나 용기를 얻고 감사했는지 모른다.

둘째, 어린이들이 하나님의 음성을 듣는 것은 분명하지만, 아직 하나님과 대화의 기도를 오랫동안 한다고 볼 수는 없는 것 같다. 12세, 13세 어린이들에게 대화의 기도를 한 기억을 말하라고 했을 때 정확한 대답을 못했을 뿐 아니라 10세 어린이도 꿈속에서 하나님과 대화한 것 같다고 했으나 그것도 분명하지 않게 대답하였기 때문이다. 그러나 모두 하나님께 무어라고 말한 후에 하나님의 음성을 들었기에 분명 짧긴 하지만 대화임에 틀림없다. 대화를 하려면 듣기가 선행되어야 하는데 어린이들이 하나님께서 하시는 말씀을 들을 수 있다면 한마디 두 마디 계속적인 반응을 보이며 하나님과 대화할 수 있는 가능성이 있음을 보여준 것이다.

셋째, "하나님의 음성인지 아닌지 어떻게 분별하는가?"라는 질문에 선뜻 대답하는 어린이들은 없었다. 그러나 필자가 어떻게 그것이 하나님의 음성이냐고 집요하게 물었을 때 그들은 고민하며 그것이 진실로 하나님의 음성이었음을 증거할 수 있는 답들을 내놓았다.

10세 어린이는 먼저 기도 제목 중에 하나를 골라서 기도하다 보면 조금 후에 무슨 목소리가 들리는 거 같은데, 그것이 하나님의 음성이라고 생각되어 말한다고 했는데 중요한 점은 그것이 들리지 않을 때도 있다는 사실이다. 그러니까 들릴 때가 있고, 안 들릴 때가 있다는 것을 안다는 것은 하나님의 음성을 구별할 수 있다는 증거가 된다는 것이다. 12세 어린이는 어려운 문제를 풀듯이 한참 동안 생각하다가 하나님이 주시는 생각은 자기의 생각으로는 도저히 나올 수 없는 생각이었다고 대답하며, 또한 자기가 하는 생각은 생각났다가 금방 없어져 버리는데, 하나님이 주시는 생각은 계속 기억이 난다고 대답하였다.

마지막으로 13세 어린이는 기도하고 난 다음에 맨 처음에 드는 생각이 하나님이 주시는 생각이라고 생각해서 그것을 말한다고 하였다. 필자가 그것이 하나님이 주시는 생각이라고 말할 만한 증거가 있느냐고 물었더니, 한참 고민한 후에 뭔가 깨달았다는 듯이 기도는 대화라고 했기에 대화할 때는 서로 주고받고 하니까 기도하고 나서 맨 처음 드는 생각이 하나님께서 내게 주시는 음성이라는 생각이 들어서 그렇게 말한다고 했다.

넷째, 교육의 영향에 대하여 잠시 생각해보면 이 어린이들 모두는 교회를 다니고 있었지만, 대화의 기도에 대해서는 처음 배웠다고 대답하였다. 그리고 대화의 기도를 배운 다음에 기도 생활이 어떻게 바뀌었냐는 물음에 10세 어린이는 예전에 마음속으로 들었던 것이 하나님의 음성이었구나, 라는 깨달음과 기도를 하고 나서 하나님의 음성을 듣기 위해 30초 정도 기다리는 시간을 갖는다고 대답하였다.

12세 어린이는 예전에는 기도하려면 아무 생각 없이 눈을 감고 있었는데 대화의 기도를 배우고 난 후에는 하나님이 하시는 말씀을 들으려고 시도한다고 대답하였다. 13세 어린이 역시 대화의 기도를 배우고 난 후 크게 바뀐 것은 없는 것 같지만 기도를 훨씬 더 자주하게 된 것 같다고 대답하였다.

어린이들의 대답을 들으면서 대화의 기도를 처음 접했음에도 어린이들이 거부감을 갖지 않고 훈련에 들어갔으며, 또한 훈련하는 데도 많은 어려움을 느끼지 않고 차분하게 대화의 기도를 시도하고 있다는 생각을 갖게 되었다. 좀더 시간이 흐를수록 분명히 어린이들은 대화의 기도를 심도 있게 함으로써 하나님과의 아름다운 관계를 형성해 나갈 수 있다는 가능성과 확신을 갖게 되었다.

얼 라 들 도 들 을 수 있 다

TIPS
기독교교육 경험들

기 도

왜 기도 시간에 어린이들이
하나님의 음성을 들어야 하는가?

고린도후서 12장 8-9절의 본문은 왜 기도 시간에 하나님의 음성을 들어야 하는지 그 이유를 설명해준다. 바울 사도가 그의 치명적인 고통을 잘 참아낼 수 있었던 것은 하나님의 음성을 통해 그가 참아야 하는 이유를 분명히 알고 있었기 때문이다. 이와 같이 고통 가운데에서도 하나님의 음성을 들은 기독교인들은 그 고통이 하나님의 계획 속에 있으며, 의미가 있는 것으로서 확신을 가지고 그 고통을 잘 이

겨내는 힘을 지닐 수 있는 것이다.

　이러한 맥락에서 하나님의 음성을 듣는 것은 특별히 어린이들에게 중요하다. 하나님은 가끔 우리의 요구에 대해 무엇인가 하나님 자신의 이유가 있으셔서 아니라고 대답하신다. 그런데 어린이들이 기도가 응답되지 않을 때 하는 실망은 어른과는 비교할 수 없을 만큼 크기에 그로 인해 하나님에 대한 불신이 싹틀 수 있다. 그러므로 신앙을 가진 부모나 교사는 깊은 생각을 할 수 없고, 이해의 폭이 좁은 어린이들에게 본인들이 구한 그대로만 응답되지는 않는다는 것에 대하여 잘 설명해 주어야 한다. 그러나 그것보다 더 좋은 것은 기도를 들으시는 하나님으로부터 (바울과 같이) 내가 구한 대로 응답이 왜 안 왔는지에 대해 듣도록 하는 것이 더욱 바람직한 일이다. 그렇게 된다면 어린이들은 기도가 응답되지 않는 이유를 알기에 하나님을 이해할 수 있으며 하나님의 계획을 받아들일 수 있고 또한 하나님에 대한 신뢰도 단단해질 것이다. 그러므로 응답 받지 못한 기도에 대하여 하나님의 대답을 듣고 그 이유를 아는 것은 나이가 어릴수록 하나님과 좋은 관계를 계속적으로 유지할 수 있는 중요한 요소가 되는 것이다.

　그리고 또한 힐리아드와 브라운의 연구에서 밝혀진 것처럼 어린이들이 어렸을 때부터 하나님을 알아가는 도구로 사용하였던 기도가 13세쯤부터는 기도가 응답되리라는 믿음을 상실해가고, 또한 기도의 효과에 대해서도 믿지 않는 경향이 나타나는 것을 막을 수 있게 되는 것이다.

평생 지속되는 하나님의 한마디

필자가 이 연구를 하면서 느낀 점은 하나님의 음성을 들었거나 하나님과 대화한 적이 있는 어린이들은 오랜 세월이 지나도 그것을 기억하고 진술할 수 있다는 것이다. 다시 말해서 그 사건은 어린이들이 평생 신앙생활하면서 여러 가지 사건들을 만날 때마다 그들에게 힘과 용기를 주며 그들과 함께하신 하나님을 기억하게 함으로 그들의 신앙생활에 도움이 된다는 것이다.

김영주(2012)의 존의 경우를 보자. 존은 아마도 교회학교에서 또는 가정에서 하나님께서 우리의 기도를 들어주신다는 신앙 교육을 수도 없이 많이 들었을 것이다. 그러나 그날 밤 그가 엄마에게 하나님은 나의 기도를 안 들어주신다고 불평하고 잔 후, 새벽에 복통이 가라앉고 난 다음에 말씀하셨던 "기도를 들어주지 않는다고 불평하지 말아라."고 하신 하나님의 음성은 그의 마음속에 깊이 새겨져 하나님의 사랑과 선하심을 기억나게 하는 결정적인 사건이 될 것이다.

성경과 말씀을 통하여 하나님의 음성을 듣는 것도 중요하지만, 여기서 우리는 왜 어린이로 하여금 직접 하나님의 음성을 듣게 하고 또 하나님과 직접 대화하는 기도를 하게 해야 하는지 그 이유를 알 수 있을 것이다. 천 번 만 번 우리가 하나님이 어떤 분이라고 말하는 것

보다 어린이가 직접 하나님을 한 번 만나는 것이 더욱 믿음을 확실히
할 수 있는 경험이 될 수 있기 때문이다.

하나님과의 대화의 기도는
본능적으로 알게 되는 것일까?

세상에는 배워서 아는 것도 있지만 배우지 않아도 절로 아는 것이 있다. 이것을 우리는 본능적으로 알게 된다고 표현한다. 필자는 예쁜 고양이 '블레싱'을 키우고 있다. 어느 날 블레싱이 새끼를 낳게 되었다. 나는 한 번도 고양이가 새끼를 낳는 경험을 한 적이 없으므로 새끼를 낳을 때 무엇을 어떻게 도와주어야 하는가 하고 인터넷에 나와 있는 대로 출산 때 알아야 할 점들을 섭렵하였다. 새끼 낳을 곳은 어둡고 외진 곳에 마련해 주어야 하며, 너무 자주 들여다 보면 스트레스를 받는다는 것, 새끼가 나오면 소독한 가위로 탯줄을 2-3센티미터 남기고 잘라주어야 한다는 등의 내용이었다. 그러나 막상 출산 때에는 이 모든 것들이 필요 없는 것이 되었다. 블레싱은 내가 마련해 놓았던 어둡고 외진 곳이 아닌 자신이 택한 곳으로 가서 새끼를 낳고 혼자서 입으로 아작아작 탯줄을 자른 후 씹어 먹고 있었다. 아무도 알려주지 않았지만 다 알고 행하고 있었던 것이다. 그런 것을 처음 본 필자에게는 그 광경이 너무 신비로웠다.

그러나 신의진은 그의 저서 『아이보다 더 아픈 엄마들』에서 그가 첫 애를 낳은 후 가지고 있었던 지식은 중학교 때 배웠던 기저귀 접는 법이 모두였다고 하였다.[104] 그 이후 그는 출산 지식, 육아 지식 등 자녀를 어떻게 키울지 몰라서 너무 고생한 기억이 있다고 고백하며, 엄마가 될 사람은 공부를 열심히 해야 한다고 말하였다.

하나님과의 대화 기도는 본능적으로 알게 되는 것일까? 배워서 습득하게 되는 것일까? 필자의 연구에 따르면 부모, 교사, 친구에게서 배워서 하게 된 경우가 78%로 나타난 것을 보면 배워야 할 수 있는 것이라고 말하는 것이 옳다고 본다. 실제적으로 성경에서 사무엘 선지자도 처음에 하나님의 음성을 들었을 때 하나님이 부르시는 줄 알지 못하고 엘리 제사장에게 세 번이나 달려 간 후에 엘리 제사장의 가르침을 받고 하나님의 음성을 인지하게 되어서 하나님과 대화하였음을 보면, 배우지 않은 상태에서 하나님께서 강권적으로 말씀하시는 경우가 있기는 하지만 그래도 배워야 할 수 있는 것이라고 볼 수 있다. 이 책 '9장 헬로교회 어린이들의 인터뷰'에서 보면 대화의 기도는 배워서 습득될 수 있다는 가능성을 좀더 정확히 확인할 수 있다.

어린이들이 기도는 대화라고 고백하는 의미는?

엘킨드Elkind, 스필카Spilka, 롱Long의 연구에서 밝혀진 것과 같이 어린이들이 기도는 하나님과 하는 개인적인 대화임을 인지하고 있다면, 성경에서 말하는 기도 의미인 하나님과의 교제, 다시 말해 일방통행이 아닌 양방통행의 의미를 알고 있다는 뜻이 된다. 그러면 어린이들은 성장할수록 대화의 기도를 통해 하나님과 교제하게 되며, 혹시 하나님의 뜻이 우리의 뜻과 다를지라도 하나님의 계획과 의도를 이해하게 되어 하나님을 더욱 신뢰하게 되고 친해지게 될 것이다. 그러나 힐리아드의 연구에서 보듯이 그들이 성장할수록 기도에 대한 효과를 기대하지 않고 하나님과의 친밀도가 높아지지 않는다는 의미는 어린이들이 기도는 하나님과의 대화라고 이해하지만 무엇인가 문제가 있음을 증명하는 것이 된다. 그렇다면 무엇이 문제일까?

그것은 기도는 하나님과의 대화인데 대화는 하나님께 말하는 것뿐 아니라 하나님께서 하시는 말씀을 들어야 하는 것인데, 우리는 대화라고 가르치면서도 실상은 대화보다는 독백, 하나님께 무엇을 달라고 하는 것만을 가르쳤고, 어린이들도 그렇게 배워서 기도는 대화라고 말하고 있으면서도 일방통행적인 기도로 (내가 일방적으로 구해서 응답받는 것의 의미로) 이해하고 있는 것이다.

예를 들어, 필자의 연구에서 보면 기도가 무엇이냐고 묻는 질문에 90% 이상의 어린이들이 기도는 '하나님과의 대화'라고 대답하는 것을 볼 수 있는데, 그 다음 질문인 하나님과 대화한 경험이 있는지를 물으면 단지 10%의 어린이들만 대화의 경험을 말하고 있다. 이것은 실제로 어린이들이 '대화'라는 뜻을 '말을 주고받는다.' 즉 상호적인 언어 소통의 뜻으로 이해하지 않고, 단지 내가 하고 싶은 말을 상대방에게 하는 일방통행의 방식으로 이해하고 있음이 나타난 것이다.

다음은 필자의 인터뷰이다.

[9세 여자 어린이]

Q : 기도 생활 하고 있니?
A : 자기 전, 밥 먹기 전, 건강하게 해 달라고요.
Q : 기도가 무엇이라고 생각하니?
A : 예수님과 대화하는 것이요.
Q : 누가 가르쳐 주셨니?
A : 전도사님이 예수님과 대화하듯이 기도하래요.

이 어린이의 대답을 자세히 살펴보면 기도가 무엇이냐는 질문에 예수님과의 대화라고 대답한 것을 볼 수 있는데, 그 다음 대답에서는 전도사님이 '예수님과 대화하듯이' 기도하라는 것이었다. 다시 말해 기도는 대화, 말을 주고받는, 즉 상호적인 언어 소통의 뜻으로 이해한 것이 아니라 대화하는 것같이 말을 일방적으로 상대방에게 하는 것이라는 의미로 이해하고 있어서 기도 생활을 물었을 때 자기 전, 밥 먹기 전, 일방적으로 "건강하게 해 달라고요."라고 한 것을 기도 생활이라고 대답한 것을 볼 수 있다.

그러므로 어린이들이 "기도는 대화이다."라고 응답한 것의 대화의 의미는 상대방의 말을 듣고 그에 따라서 서로의 마음과 뜻을 말로 전하는 양방통행dialogue의 의미의 대화가 아닌 단지 상대방에게 말을 하는 일방통행monologue의 의미로 이해하고 사용하고 있는 것이다.

TIP 5

간절한 마음

하나님께 무엇을 구하느냐는 참으로 중요하다. 우리가 잘 아는 솔로몬의 기도도 하나님께서 무엇을 주기를 원하느냐(대하 1:11-12)[105] 라는 질문에 지혜롭게 지혜와 지식을 구했기에, 그가 구하지 아니한 부와 재물과 영광도 받은 것을 볼 수 있다. 그러나 또한 기도에 대한 응답을 받을 때 무엇을 구하느냐 하는 것만큼 중요한 것이 있는데, 그것은 간절한 마음이다. 어린이들이 반려견을 위해서 기도한다고 하면 어리석게 들릴지 모르겠지만 필자의 경험을 보면 어리석다고만 할 수는 없을 것 같다.

필자는 예쁜 고양이 한 마리를 키우고 있다. 그 고양이가 어떻게 우리집에 들어왔는지는 거두절미하고 지금까지 4년째 나와 아주 친한 친구로 지내고 있다. 한 마리만 키우다 보니 외로워 보여서 새끼를 낳게 해 외롭지 않게 해주려는 의도로 교배를 하기로 하였다. 상대방은 이웃집의 건장한 수컷 고양이. 필자는 고양이를 데리고 가서 3일 동안 그 집에 두고 새끼를 배게 한 날 아침, 필자가 고양이를 데려오려고 가 보니 묶어 두었던 끈은 풀어지고 고양이 '블레싱'[106]이 사라졌다. 눈앞이 캄캄하였다. 그 집은 시골집이라 집 뒤에는 모두 대나무 숲뿐인데 어디에 가서 찾아온다는 말인가? 나는 그때 내 생애 처음으로 있는 힘을 다하여 부르짖으며 하나님께 찾게 해달라고 간절히 기도하였다. 새끼를 밴 몸으로 길고양이가 되어 새끼를 낳게 될 생각을 하니 도무지 마음이 아파 견딜 수 없었다. 하루 종일 일이 손에 잡히지 않았다. 일이 끝나자마자 다시 그 집으로 가서 그 막막한 대나무 숲을 향하여 블레싱을 목놓아 불렀다. 5분 만에 목이 다 쉬도록 애타게 불렀다. 대나무 숲으로 싸여 있는 집이라 어디로 가서 블레싱을 찾아야 할지 막막했다. 그때 갑자기 무조건 그 동네를 빙 돌며 찾아보자는 생각이 문득 들었다. 나는 집 밖으로 나가 대나무 숲 쪽으로 가면서 있는 힘을 다하여 블레싱을 불렀다. 그때 대나무 숲속에서 "야옹!" 하고 블레싱의 목소리가 들려왔다. 나는 이것저것 가리지 않고 막대기 하나로 대나무 숲을 비집고 고양이 소리가 나는 곳을 향하여 올라갔다. 하루 종일 비를 맞고 산속에 있던 블레싱을, 나는 잃은 양 한 마리를 찾아서 데리고 오는 것 같은 마음으로 덩실덩실 춤을 추며 깜깜한 숲속을 무서운 줄도 모르고 내려왔다. 블레싱이 새끼를 낳은 후 나는 그 새끼 고양이의 이름을 갇즈미God's miracle라고 짓고 항상 갇즈미를 볼 때마다 하나님께서 나의 간절한 기도에 즉각 응답해 주셨음을 기억하며 하나님께 감사하곤 한다.

우리는 어린이들이 터진 공을 놓고 기도하든지, 아니면 반려견을 위하여 기도하든지, 그외 하찮게 생각되는 것을 위해 기도한다고 나무라지 말아야 한다. 과부의 두 렙돈이 인간이 보기엔 하찮은 돈같이 보였지만 가장 귀한 헌금이었듯이 길거리에 버려질 것 같은 블레싱을 위한 기도도 간절한 마음으로 기도할 때에 하나님께서 귀하게 생각하셔서 급하게 응답해 주시는 기도제목이 될 수도 있기 때문이다.

TIP 6

성령은 영의 깊은 곳까지 안다.

시카고에서 교회학교를 지도할 때다. 여름성경학교 둘째 날, 일찍 교회 사무실에 들어서는데 사무실 캐비닛 열쇠 구멍을 모두 글루건으로 쏘아 막혀 있는 것을 발견하였다. 나는 도대체 누가 이렇게 만들어 놓았을까 생각하다가 잭Jack[107]이 그랬을 것이라는 확신이 들었다. 왜냐하면 내가 그 전날에 사무실을 나온 것은 오후 4시쯤이었으니까 그때는 모든 어린이들이 집으로 돌아가고 난 후였고 남아 있는 어린이는 잭뿐이었기 때문이었다. 나는 모든 여름학교 행사가 다 끝난 뒤 잭을 불러서 혹시 열쇠 구멍을 이렇게 해놓지 않았느냐고 물었다. 잭은 예상대로 절대로 그렇게 하지 않았다고 하였다. 나는 상황 설명을 해주고 그런 이유로 너밖에 이렇게 할 사람이 없는데 그래도 안 그랬느냐 라고 재차 물었지만 잭은 절대로 이 캐비닛을 만지지도 않았다고 하면서 눈물을 흘리며 자기의 결백을 주장하고 있었다. 30분 동안이나 나는 잭과 실랑이를 벌이며 따지고 또 따졌다. 30분이 지난 후 그는 엉엉 울면서 절대로 자기는 그렇게 하지 않았으며, 이 사무실에 들어온 적도 없다고 하였다.

나는 잭이 늘 심한 장난을 좋아하고 또 상황이 그가 그랬다는 확신을 90% 이상 갖게 했기에 그에게 자백을 받아내리라는 생각을 가지고 묻기 시작했지만, 그가 절대로 자기는 안 그랬다고 눈물까지 보이며 하소연하는 모습을 보니 혹시 내가 잘못 판단한 것은 아닌가 회의가 들었다. 또한 정말로 그가 안 그랬을 경우, 잘못도 없는 어린이에게 깊은 상처를 줄 뿐이라는 생각이 들었다. 나는 어떻게 마무리를 지을지 몰라서 약간 머뭇거리다 갑자기 성령님께 기도하며 여쭈어 보아야겠다는 생각이 들었다. 마음속으로 기도하며 잭이 하는 말이 정말인지, 거짓말인지 알려 달라고 하였다. 성령님께서는 그가 거짓말을 하고 있다고 나에게 알려 주셨다. 그래서 나는 다시 확신을 가지고 끝까지 그에게 자백을 받아내기로 마음먹었다. 한 50분쯤 경과되었을까 "엉엉" 울며 제스처까지 쓰면서 자기의 결백을 주장하던 잭이 웬일인지 드디어 항복을 하고 자기가 그랬다고 고백하였다.

우리는 어린이들을 지도할 때에 여러 가지 어려운 일들을 만나게 된다. 그러므로 그때마다 우리는 성령님의 도움을 요청해야 한다. 그렇지 않을 경우 어린이들에게 오히려 속임을 당할 때도 있으며, 본의 아니게 잘못 판단하여 어린이들에게 상처를 남겨 줄 경우도 있기 때문이다. 성령님은 모든 것, 곧 하나님의 깊은 것까지도 통달하시기에 우리가 이 세대를 살아가는 지능적인 어린이들을 다룰 때 얼마나 성령님을 철저히 의지하는가 하는 것은 교회학교 목회의 가장 중요한 초석이라 생각한다.

하나님 개념

TIP 7

하나님 개념 형성 과정

　필자는 4대째 기독교 집안에서 모태신앙으로 태어났다. 신앙이 보수적이고 엄격한 부모 밑에서 철저히 율법적인 신앙교육을 받고 자랐다. 그중 하나는 주일에는 절대로 사고파는 행위를 못하게 하는 것이었다. 어렸을 때부터 맛있는 것을 사 먹는 것을 좋아했던 필자로서는 일요일에 맛있는 것을 사 먹지 못하고 하루를 지내야 한다는 것은 극심한 고통이었다. 하루는 필자가 다녔던 교회학교 담임선생님께서 분반공부가 끝난 뒤, 우리 반 학생들에게 맛있는 것을 사 주시겠다고 나가자고 하였다. 그때 나는 깜짝 놀랐다. 아니, 주일에 뭐 사 먹으면 절대로 안 된다고 부모님이 가르치셨고 그것을 꼭 지켜야 한다고 생각하고 있었는데, 교회학교 담임선생님께서 주일에 맛있는 것을 사주겠다고 하시니 나의 신앙에 심각한 혼돈이 빚어졌다. 필자는 그때 이 핑계 저 핑계를 대면서 그 자리를 빠져나왔던 기억이 있었다. 왜냐하면 큰 눈으로 지켜보고 계시며 주일에 무엇을 사 먹으면 큰 벌을 내리실 하나님이 몹시 두려웠기 때문이었다. 다시 말해, 지금 필자가 섬기는 하나님은 인자하시고 사랑이 많으신 하나님으로서 그때의 하나님과 같은 분인데, 그때는 날 몹시 쫓아다니면서 잘못하기만 하면 벌 주시려고 했던 하나님 개념을 가졌던 것이다. 이것은 율법에만 투철한 부모님의 신앙교육의 영향이었던 것이라고 생각된다. 『예수는 하나님의 중간 이름』이라는 책의 헤롤드와 필자처럼 어린이들이 어렸을 때 하게 되는 경험, 생각 그리고 교육에 따라서 하나님이 어떠한 분이신지에 대한 개념이 형성되므로 어린이들이 어떠한 삶의 장에서 어떤 경험과 교육을 받고 자라나는지를 잘 살피고 성서적인 하나님 개념을 갖도록 도와주는 것이 필요하다.

교 육

그래서 어린이들에게 가르쳐야 한다.

어린이들에게 대화의 기도를 가르쳐야 하는 이유는 어린이들의 순수성 때문이다. 어린이들은 순수하여 하나님께서 하신 말씀이라는 확신이 들면 곧장 순종으로 옮긴다. 아침에 기도하다가 하나님께서 유대인 친구에게 복음을 전하라고 하는 음성을 들은 11세 여자 어린이는 그날로 당장 성경책을 들고 가서 요한복음 3장 16절을 펴고 "하나님이 예수님을 보내어 죽게 하사 우리 죄를 씻어 주셨어."라고 말했다고 한다. 그랬더니 그 친구가 "와!"라고 말했다는 것이다. 그런데 이 어린이가 한 말이 진실인 것이 그 다음에 한 말로 증명이 된다.

"만일 내가 말했듯이 하나님이 나에게 요구하지 않으셨으면 그 친구는 그냥 '응, 그래?'라고 했을 것이라는 것"이다. 왜냐하면 그 아이는 이미 몇 번이나 친구에게 전도하려고 했지만 그때마다 그 친구는 단지 "응, 네가 얘기하려는 분이 하나님이라는 분이지?"라고 별 반응을 보이지 않았지만 하나님께서 부탁하신 그날은 그 아이가 뭔가 깨달은 것같이 보였고 또 "와!"라고 깨달음의 말을 했다는 것이다.

필자는 이 인터뷰를 하면서 몹시 부끄러웠다. 만일 하나님께서 나에게 누구에게 가서 전도하라고 하시면 즉시, 온전히, 기쁘게 순종할까? 그것도 벌써 여러 번 실패를 했던 친구에게? 아마 적어도 몇 번 반문을 하고 마지못해 순종했거나 아니면 불순종했을 것이다. 베드로가 고집스럽게 "주님, 절대로 그럴 수 없습니다. 저는 속되고 부정한 것은 한 번도 먹은 일이 없습니다."라고 말한 아나니아처럼, "주님, 저는 그가 예루살렘에서 주의 성도들에게 얼마나 해를 많이 끼쳤는지를, 많은 사람에게서 들었습니다. 그리고 그는 주의 이름을 부르는 사람들을 잡아갈 권한을 대제사장들에게서 받아서 여기에 와 있습니다."라고 토를 달았을 수도 있었을 것이다.

TIP 9

습관이 되면 얼마나 좋을까?

또한 어린이들에게 대화의 기도를 가르쳐야 하는 이유는 습관이 되도록 해야 한다는 것에 있다. 누구나 인간에게는 좋든, 나쁘든 습관이 생긴다. 필자에게도 습관이 있다. 이를 닦고 자는 습관, 발을 닦는 습관, 주말에 늦잠 자는 습관 등.

그러면 습관은 어떻게 생기는 것일까? 필자의 경험을 보면, 이를 닦고 자는 습관은 교회에서 수련회를 다녀와서 생긴 것이다. 수련회 때 친구들끼리 모여서 수다를 떨 때가 있었다. 이 얘기 저 얘기를 주고받다가 어떤 한 친구가 자기는 "이를 닦지 않으면 입이 텁텁해서 잠을 못 잔다."라는 이야기를 들은 이후에 뭔지 모르게 나도 이를 닦지 않으면 입이 텁텁한 것 같은 느낌이 들어 이를 닦다 보니 그것이 습관이 되어 있음을 깨달았다. 이렇게 아주 간단한 사건이 습관이 되어 인생에 영향을 끼치는 경우가 있는 것이다.

그런데 성경에서는 영적인 삶도 '습관'[108]이라고 말하고 있다. 기도하는 것도 습관을 따라 기도하러 갔다[109]고 말하고 있고, 하나님의 말씀에 순종하는 것도 불순종하는 것도 어렸을 때부터의 습관[110]이라고 하는 것이다. 또한 함께 모여 기도하는 것, 예배하는 것을 빠지는 것도 습관[111]이라고 말하고 있다.

그렇다면 하나님의 음성을 듣고 순종하는 것이 습관으로 되어 있다면 얼마나 좋을까? 또한 하나님의 음성에 순종하는 것도 습관이 될 수 있을까? 대답은 긍정적이다. 가능하다. 그러나 그것은 훈련 기간을 동반하기 때문에 어렸을 때부터 시작하는 것이 좋고 또한 어른이 되고 난 후에는 불가능하지는 않지만 어렸을 때 시작하는 것보다 어렵다고 말할 수 있다.

확신하건대, 엘리야가 가루 한 움큼 남은 것으로 마지막 음식을 만들어 먹고 아들과 함께 죽을 각오를 한 과부에게 그것으로 먼저 작은 떡 하나를 만들어 자기에게 가져오고 그 후에 너희 것을 만들라고 했을 때 사르밧 과부가 순종했던 것은 성경에는 구체적으로 서술되어 있지 않았지만 적어도 순종하는 습관이 붙어 있지 않고는 행할 수 없었던 일이라고 생각된다.[112] 다시 말해, 목숨을 건 믿음의 순종은 오랫동안의 훈련으로 인한 습관에서 비롯되어 기적을 창출했다고 볼 수 있는 것이다.

기독교교육의 힘

　필라델피아에서 유치부를 담당할 때다. 하루는 여름학교 중 소풍을 갔다. 소풍을 가는 날이므로 부모님들께서 맛있는 간식을 싸 주셨다. 도착한 후 우리는 간식 시간이 되어 간식을 펴 놓고 어린이들에게 서로 나누어 먹으라고 말했다. 어린이들은 자기가 가지고 온 간식을 다른 친구에게도 주며, 또 다른 친구들의 간식도 먹는 중 나는 한 어린이가 자기의 간식을 가슴에 품고 아무에게도 나누지 않는 것을 발견하게 되었다. 나는 그 어린이에게 가서 "마이클, 간식을 친구들과 서로 나누어 먹으렴."(Michael, please, share your snack with your friends.)이라고 했다. 그러자 마이클이 "이건 내 거야."(It's mine.)라고 말하며, 전혀 나누려 하지 않았다. 그때 갑자기 그 어린이가 교회학교 학생이 아니라는 것을 깨달았다. 여름학교Summer School[113] 동안에만 등록한 믿지 않는 가정에서 온 어린이였다. 우리 교회학교 어린이들은 간식을 다른 어린이들과 나누어 먹는 교육과 훈련이 잘 되어 있어 서로 나누는 것이 아무런 문제가 되지 않았지만, 그 어린이는 다른 친구들과 간식을 나누어 먹는 교육이 되어 있지 않아서 자기의 간식을 품에 안고 고민하고 있었던 것이다.

　나는 이 경험을 통하여 믿지 않는 가정의 모든 자녀들이 나누는 교육을 받지 않아서 나누지 않는다는 것은 결코 아니지만, 이 작은 사건을 통하여 교육의 힘을 경험하는 계기가 되었다. 이렇듯 교육의 힘이란 처음에는 익숙하지 않았던 것들이 알게 모르게 우리의 생각과 마음과 몸을 지배하게 되어서 자연스럽게 그렇게 살게 하는 힘이 되는 것이다.

처음에는 하나님의 음성인 줄 몰라 세 번씩이나 엘리 선지자에게 갔던 사무엘이 하나님의 음성을 들어가며 멋있게 마지막까지 이스라엘의 선지자로 활동하였던 것은 태어날 때부터 그렇게 된 것이 아닌 가르침의 힘이었음을 우리는 부인할 수 없다.

TIP 11

'대화의 기도', 교육의 힘

필자는 헬로교회를 담임하고 있다. 헬로교회는 어린이들만 모이는 교회로 필자가 어린이 영성에 관심을 두고 있어서 어린이 영성 훈련을 하려는 계획으로 2019년에 개척하였다. 시작한 후 매 주일 설교를 할 때 대화의 기도에 초점을 맞추어 설교를 하며 어린이들을 교육하였다. 기도란 무엇인가부터 시작하여 왜 기도해야 하는지, 어떻게 기도해야 하는지, 기도를 들으시는 하나님의 성품, 예수, 성령, 대화의 기도 등 …. 특히 기도 시간에 무엇을 말씀하시는지 들어야 한다고 설교하며, 집에서 기도할 때 침묵 기도(듣는 기도)를 꼭 1분 동안이라도 하라고 하였다. 설교 후에 항상 함께 기도하는 시간을 5분 정도 갖곤 하는데, 설교를 시작한 지 6개월 후부터는 기도 시간에 1분 동안 하나님이 하시는 말씀을 듣는 시간을 갖고 들은 말씀을 나누도록 하자고 하였다. 설레는 마음으로 나는 과연 이 아이들이 하나님의 음성을 듣고 나눌 수 있을까 라고 생각하며, 아이들이 뭐라고 말할까 기다리고 있는데 어린이들은 당연한 듯이 하나님께서 자기에게 말씀했다고 하면서 나누기 시작했다. 제일 먼저 말한 어린이는 2학년 어린이였으며, 4학년, 5학년 어린이는 계속 머뭇거리다가 3주가 지난 다음부터 하나님이 나에게 말씀하셨다고 하면서 나누기 시작하였다.

부끄러운 고백이지만 2020년 9월 인터뷰를 통하여 어린이들이 하나님의 음성을 분명히 듣고 있구나를 확인하기까지 나는 처음에는 아이들이 정말 하나님의 음성을 듣고 그 말씀을 나누고 있나를 의심하였다. 내가 가르쳤음에도 정말 아이들이 교육에 영향을 받고 있는지를 확신하지 못한 채 교육하고 있는 나의 모습을 느끼고는 부끄러웠다.

어린이들은 순수하다. 모양을 잡아가면 그대로 모양이 잡히는 존재가 어린이들이다. 그래서 어른과 다르다. 1년이 지난 후 나는 식별에 대하여 가르쳤다. "너희 마음속에 들리는 것이 다 하나님의 음성이 아닐 수 있어. 내 생각, 하나님 생각, 사탄의 생각인지 구별해야 되는 것이야." 시간이 흐름으로써 우리 아이들은 대나무 마디가 자라나듯 한 뼘씩 자라서 하늘을 향해 솟아오르고 있음을 확신하였다.

4　"이스라엘아, 들어라. 주는 우리의 하나님이시요, 주는 오직 한 분 뿐이시다.

5　너희는 마음을 다하고 뜻을 다하고 힘을 다하여, 주 너희의 하나님을 사랑하여라.

6　내가 오늘 너희에게 명하는 이 말씀을 마음에 새기고,

7　자녀에게 부지런히 가르치며, 집에 앉아 있을 때나 길을 갈 때나, 누워 있을 때나 일어나 있을 때나, 언제든지 가르쳐라.

8　또 너희는 그것을 손에 매어 표로 삼고, 이마에 붙여 기호로 삼아라.

9　집 문설주와 대문에도 써서 붙여라."

(신 6:4-9)

TIP 12

하나님의 말씀은 재미있다.

유니버설 스튜디오에서 애니멀 쇼를 보던 때였다. 앞에 네 살 정도 되어 보이는 아이가 아빠와 함께 앉아 있었다. 그 아이는 아빠 옆에 딱 붙어 앉아 쇼를 보면서 너무 재미있는지 앉았다 일어났다 하면서 온몸으로 기쁨을 표현하고 있었다. 너무 재미있어서 어쩔 줄 몰라 하는 듯했다. 반면에 뒤에 앉아 있던 나는 상심에 빠져 있었다. "아이들이 우리 교회학교에 오면 저렇게 재미있어 할까? 아니 저 반만이라도 재미있어 할까?" 교회학교에서 전도사를 하고 있던 나는 교회학교에 오는 아이들이 뭔가 재미가 있어야 한다고 생각을 하였다. 다윗과 같이 하나님의 말씀이 꿀송이처럼 달다고 고백하는 경지까지 이르러 스스로 말씀에 몰입되기 전까지는 뭔가 인공적인 사탕발림이 있어야 한다고 생각하였다.

그래서 설교를 준비할 때 말씀의 원래 뜻에 위배되지 않는 한 될 수 있는 대로 좀더 재미를 느끼도록 준비하였다. 그중 한 가지를 소개한다. 제목은 '성령 충만이란 무엇인가?' 본문은 에베소서 5장 18절[114]이다. 어린이들에게 "성령 충만을 받으라."고 하면 무슨 뜻인지 잘 모르기에 '성령 충만'이라는 의미를 전달하기 위하여 물을 절반 이상 담은 투명한 유리컵 두 개를 준비하였다. 어린이들에게 '충만'이라는 뜻을 물어본 후 한 쪽 유리 컵에 있던 물을 다른 쪽 유리 컵에 조금씩 부으면서 어린이들에게 질문한다. 이만큼이 충만일까요? 아니요, 다시 이만큼이요? 아니요, 이만큼이요? 아니요. 물을 계속 부으면서 일부러 몸을 비틀비틀하면서 넘치도록 붓는다. 넘칠 지경에 이르러서 어린이들에게 질문한다. 이만큼이요? "네."라고 아이들이 힘차게 대답하면 또다시 이번에는 다른 컵에다 조금씩 부으며 같은 질문을 한다. 이만큼이 충만일까요? 아니요, 이만큼이요? 아니요, 이만큼이요? 아니요, 그럼 도대체 얼마만큼이요? 이만큼이요? 또다시 물을 끝까지 채우며 흘러 넘치도록 아슬아슬하게 하여 어린이들이 긴장하도록 유도하며 흥미를 가지고 말씀에 빠지게 한 후, 갑자기 몸을 비틀거리며 넘어지는 척하면서 물을 어린이들에게 쫙 뿌리면 어린이들 모두가 함성을 지르며 재미있어한다. 그러면 나는 "Oh, I am sorry…. I am sorry…"라고 하면서 실수한 것같이 표정을 짓고 물폭탄 맞은 어린이들을 수건으로 닦아주면서 어린이들을 진정시키고 난 후 성령 충만이라는 것은 물이 꽉 차서 흘러 넘치는 것 같은 것이라고 설명을 하면 어린이들은 말씀을 재미있게 배울 수 있고 좀더 쉽게 이해할 수 있으며 오래 기억하게 된다. 물론 이 설교는 겨울이 아닌 여름이 좋으며, 물을 뿌릴 때는 놀이 동산에서 일부러 wet zone을 찾아 앉는 어린이들에게 뿌리는 것이 좋을 것이다. 또한 이 설교는 '성령이 무엇인가?' 라는 주제를 먼저 설명하고 난 후에 충만이라는 의미를 설교할 때 사용하는 것이 좋다.

TIP 13

기도가 재미있다.

언젠가 TV에서 한 어린이가 유치원을 가는데 엄마와 한바탕 씨름을 하는 광경을 보았다. 엄마는 어린이를 안고, 한 손으로는 양말을 신기며 기다리고 있는 유치원 버스를 향하여 가고 있는데, 어린이는 안 간다고 떼를 쓰고 울며 엄마 품에서 떨어지지 않는 모습이었다. 엄마는 기다리는 버스에 억지로 어린이를 떠맡기고, 버스 문은 닫히고 떠나고 있었다. 그러면서 그 엄마는 아침마다 어린이와 이런 전쟁을 벌써 2년째 하고 있다며 상담을 요청하고 있었다.

왜 이 어린이는 그렇게 유치원에 안 간다고 떼를 쓸까? 선생님의 사랑을 못 느끼고, 혹은 친구들에게 따돌림을 받는 등 여러 가지 이유들이 많이 있겠지만 필자가 생각할 때 중요한 이유는 '재미없기 때문'[115]이라고 생각된다.

어린이들에게 가장 중요한 것 중 하나는 '재미'이다. 어른들은 재미가 없어도 목표를 정해 놓았거나, 돈을 많이 벌 수 있거나, 하는 일에 의미가 있거나, 이유가 있다면 꼭 재미가 없어도 참아내며 그 일에 몰두할 수 있다. 그러나 어린이들은 그렇지 않다. 어린이들은 재미에 목숨을 건다. 어린이들의 관심과 집중을 끌어들일 수 있는 것은 '재미'이다. 특히 나이가 어릴수록 더욱더 그렇다. 그래서 같은 교육의 내용도 교육의 방법론이 다르게 제공된다면 교육의 효과는 크게 달라질 수 있는 것이다.

그렇다면, 기도가 재미있다면 얼마나 좋을까? 어린이들이 기도하는 것이 너무 재미있어서 하지 말라고 하여도 계속하고 싶어한다면 얼마나 좋을까? 대화의 기도는 재미있다. 생각해보라. 만일 어느 누가, 특히 어린이에게 30분 동안 앉아서 독백을 하라고 하면 아마 아무도 못할 것이다. 그러나 30분 동안 앉아서 대화하라고 하면 그것은 가능할 것이다. 상대가 그와 얼마나 친한가에 따라 시간이 더 길어져도 문제가 되지 않을 것이며, 재미있어서 더욱더 이야기하려고 할 것이다. 헬로교회 12세 여자 어린이는 그전에는 기도하려면 아무 생각 없이 눈 감고 있었는데, 대화의 기도를 배우고 난 뒤에는 기도하는 문장이 길어졌다고 한다. 이 말은 하나님과 친밀해져서 할 이야기가 많아지고 재미를 느낀다는 것이다.

대화의 기도는 재미있다. 기도가 재미있다는 것을 가르쳐야 한다. 우리의 기도를 먼저 기다리시는 하나님께서도 아마 우리와 주고받고 하시면서 재미있는 이야기할 것을 원하실 것이다.

책을 마치며

오랜 세월이 흘렀지만 쓰고 나니 마음이 홀가분하다. 이렇게 쓰면 되는 거였는데 오랜 시간 미적미적했던 내 자신이 부끄러워졌다. 그러나 지금이라도 하나님의 부르심에 순종했다고 생각하니 마음이 뿌듯하였다. "제가 잘못했습니다."라고 한마디의 기도로 시작한 나의 영적 여정은 아직도 서툴기는 하지만 하나님과 이야기를 나누는 시간까지 왔다. 그리고 그 이야기는 나의 하루의 삶의 모토가 되곤 한다.

"어머, 되네?" 작년에 시작한 헬로교회 어린이들을 인터뷰하면서 내가 외친 짧은 한마디. 아이들이 정말로 하나님의 음성을 들으며 가르친 대로 기도하고 있는 확신을 가졌던 순간이었다. 얼마나 형편없는 목사였고 기독교교육가였는가? 가르치면서도 믿음이 없었던 교육가…. 이제는 어느 곳에 가서도 자신 있게 외칠 수 있다. "얼라(아이)들도 하나님의 음성을 들을 수 있다"라고….

많은 사람들이 입을 모아 교회학교의 위기라고 말한다. 교회학교 자체가 없는 교회도 많다. 저출산으로 인해 어린이가 없어서 그렇기도 하지만 학교에는 어린이가 있는데 교회에는 없다는 것을 생각해 보면 꼭 그 이유만도 아닌 듯 싶다. 다시 교회학교가 세워져야 한다. 다시 어린이들의 삶에 성령의 바람이 불어야 한다. 어린이들이 성령의 충만을 받고 하나님의 음성을 들으며, 복음전도자로서 친구들을 주님께 데려와서 앉을 자리가 없는 교회학교가 되어야 한다. 이 책을 통하여 하나님 아버지께서 계획하셨던 그러한 일들이 속히 일어나기를 믿음을 가지고 소망한다.

참고 서적

국 내

■ 김영주(2012) 기독교교육에 있어서 대화의 기도 가능성 연구: 9-12세 어린이를 대상으로. 『교회와 신학』, 77, 214-237.

■ 김영주(2013) 가정 혹은 교회?-대화의 기도에 영향을 끼친 요인에 대한 연구. 『기독교교육논총』, 제36집, 219-246.

■ 김영주(2020) 대화의 기도, 교육으로 가능하다. 미출간 인터뷰.

■ 신의진(2002) 『아이보다 더 아픈 엄마들』, 서울:랜덤하우스코리아.

국 외

■ Allen, H. C. (2002) A qualitative study developing the similarities and differences of the spirituality of children intergenerational and non—intergenerational Christian contexts. (Doctoral dissertation, Talbot School of Theology, Biola University, 2002). *Dissertation Abstracts International. 63.*

- Arnold, B. T. (2003) *The NIV application commentary: 1 & 2 Samuel.* Grand Rapids, MI: Zondervan.

- Bounds, E. M. (1990) *The complete works of E. M. Bounds on prayer.* Grand Rapids, MI: Baker Books.

- Boyd, R. F. (1954) The work of the Holy Spirit in prayer. *Interpretation, 8,* 35–42.

- Brown, L. B. (1966) Egocentric thought in petitionary prayer: A cross—cultural study. *The Journal of Social Psychology, 68,* 197–210.

- Bunyan, J. (1965) *Prayer.* PA: The Banner of Truth Trust.

- Bunyan, J. (1991) *How to pray in the Spirit.* Grand Rapids, MI: Kregel Publications.

- Cartledge, T. W. (2001) *Smith & Helwys Bible commentary: 1& 2 Samuel.* Macon, GA: Smyth & Helwys.

- Cole, R. (1990) *The spiritual life of children.* Boston, MA: Houghton Mifflin Company.

- De Haan, R. W. (1989) *Pray: God is listening.* Grand Rapids, MI: Zondervan Publishing House.

- Durham, J. I. (1987) *Exodus*. Waco, TX: Word Books.

- Fernando, A. (1998) *Acts*. Grand Rapids, MI: Zondervan.

- Fox, E. H. (1971) *Christ is God's middle name*. NY: Doubleday & Company.

- Goldman, R. (1964) *Religious thinking from childhood to adolescence*. NY: The Seabury Press.

- Green, J. P. (Ed.). (1985) *The Interliner Bible: Greek English New Testament*. Peabody: MA: Hendrickson.

- Griffin, E. (2001) *Doors into prayer*. Brewster, MA: Paraclete Press.

- Grosmann, G. (2013) 『대화로서의 기도*(Ich möchte hören, was Du sagst: Beten als Gespräch mit Gott)*』. 하경택 역. 서울: 킹덤북스.

- Grudem, W. (1994) *Systematic theology*. Grand Rapids, MI: Zondervan Publishing House.

- Hendricks, W. (1980) *A theology for children*. Nashville, TN: Broadman Press.

- Hilliard, F. H. (1960) Ideas of God among secondary school children. *Religion in Education, 27*(1), 14-19.

- Hybels, B. (1988) *Too busy not to pray*. Downers Grove, IL: InterVarsity Press.

- Kistemaker, S. (1990) *The exposition of the Acts of the apostles*.

Grand Rapids, MI: Baker Book House.

■ Liefeld. (1979) Prayer. In G.W. Bromiley (Ed.), *The international standard Bible encyclopedia*. Grand Rapids, MI: William B. Eerdman Publishing Company.

■ Long, D., Elkind, D., & Spilka, B. (1967) The child's conception of prayer. *Journal of the Scientific Study of Religion, 6*, 101–109.

■ Meyrick, F. (1876) Ezekiel–Malachi. In F. C. Cook (Ed.), *The Holy Bible with an explanatory and critical commentary*. (Vol. 11). NY: Scribner, Armstrong & Co.

■ Moberly, R. W. (1995) To hear the master's voice: Revelation and spiritual discernment in the call of Samuel. *Scottish Journal of Theology, 48* (4), 443–468.

■ Mounce, W. D. (Ed.) (1993) *The analytical lexicon to the Greek New Testament*. Grand Rapids, MI: Zondervan Pub. House.

■ O'Brien, P. T. (1987) Romans 8:26, 27: The revolutionary approach to prayer? *The Reformed Theological Review, 46*, 65–73.

■ Patterson, R. D. (1985) *The expositors Bible commentary with the new international version of the Holy Bible*. (Vol. 7) Grand Rapids, MI: Zondervan Publishing House.

■ Patterson, R. D. (1988) 1 & 2 Kings, 1 & 2 Chronicles, Ezra, Nehemiah, Esther, Job. (Rev. ed.). In F. E. Gabelein (Ed.), *The ex-*

positor's Bible commentary with the New International Version. (Vol. 4). Grand Rapids, MI: Zondervan.

■ Simeon, C. (1956) *Expository outline on the whole Bible: Hosea through Malachi,* (Vol. 10). Grand Rapids, MI: Zondervan Publishing House.

■ Smith, H. B. (1924) *Science and prayer: Studies in communion and intercession.* NY: Fleming H. Revell Company.

■ Spear, W. R. (1979) *The theology of prayer.* Grand Rapids, MI: Baker Book House.

■ Tamminen, K. (1991) *Religious development in childhood and youth: An empirical study.* Helsinki: Suomalainen Tiedeakatemia.

■ Tatford, F. A. (1982) *The minor prophets.* Minneapolis, MN: Klock & Klock.

■ Williams, D. J. (1990) *New international Biblical commentary: Acts.* Peabody, MA: Hendrickson Publishers Inc.

미 주

1 ··· 책 제목에서 '얼라'는 어린이의 함경도와 경상도 방언이다.

2 ··· W. Grudem, *Systematic theology* (Grand Rapids: Zondervan Publishing House, 1994), p.152.

3 ··· 표준새번역, 개역개정과 NIV 성경(2011)을 사용하였다.

4 ··· (딤후 3:16) 모든 성경은 하나님의 감동으로 된 것으로 교훈과 책망과 바르게 함과 의로 교육하기에 유익하니

5 ··· (롬 1:19) 이는 하나님을 알 만한 것이 그들 속에 보임이라 하나님께서 이를 그들에게 보이셨느니라

6 ··· (잠 8:17) 나를 사랑하는 자들이 나의 사랑을 입으며 나를 간절히 찾는 자가 나를 만날 것이니라

7 ··· K. Tamminen, *Religious development in childhood and*

youth: An empirical study (Helsinki: Suomalainen Tiedeakatemia, 1991), p.210.

8 ··· H.C. Allen, A qualitative study developing the similarities and differences of the spirituality of children intergenerational and non-intergenerational Christian contexts. (Doctoral dissertation, Talbot School of Theology, Biola University, 2002). *Dissertation Abstracts International. 63.* 2002

9 ··· 여기에서 하나님은 우리가 구한 것을 주지 않으시는 분이라는 뜻은 아니다:

10 ··· 1950년대 그 당시에는 공이 처음 나온 때이므로 손으로 치면 다시 튕겨져 공중으로 올라갔다 내려오고 또 치면 올라갔다 내려오는 장난감은 어린이들에게는 하나밖에 없는 보물같이 여겨지던 시절이었음을 밝힌다.

11 ··· Brown, "Egocentric thought in petitionary prayer: A cross-cultural study," p.207.

12 ··· F. H. Hilliard, "Ideas of God among secondary school children," p.19.

13 ··· 이 책에서 주장하는 것은 기도의 다른 의미들을 (간구, 감사 등) 결코 부인하는 것이 아니라 교제의 의미 중 독백이 아닌 대화의 의미가 있음을 강조하는 것이다. (필자의 한마디 기도-"하나님, 잘못했습니다."-도 필자가 일방적으로 드린 간구의 기도였지 대화의 기도가 아니었음에도 하나님께서는 응답하셨던 것이다.)

14 ··· W. Grudem, *Systematic theology* (Grand Rapids: Zondervan Publishing House, 1994), p. 376.

15 ··· (롬 8:26) 이와 같이 성령도 우리의 연약함을 도우시나니 우리는 마땅히 기도할 바를 알지 못하나 오직 성령이 말할 수 없는 탄식으로 우리를 위하여 친히 간구하시느니라

16 ··· J. Bunyan, *Prayer.* (PA: The Banner of Truth Trust, 1965), p.23.

17 ··· (시 9:10) 하나님의 이름을 아는 자는 그를 신뢰할 것이다

18 ··· (요일 4:19) 우리가 사랑함은 그가 먼저 우리를 사랑하셨음이라

19 ··· Liefeld. Prayer. In G.W. Bromiley (Ed.), *The international standard Bible encyclopedia.* (Grand Rapids, MI: William B. Eerdman Publishing Company, 1979), p.931.

20 ··· J.I Durham, *Exodus* (TX: Word Books, 1987), pp.443−449.

21 ··· E. Griffin, *Doors into prayer* (MA: Paraclete Press, 2001) p.38.

22 ··· S. Kistemaker, *The exposition of the Acts of the apostles* (Grand Rapids: Baker Book House, 1990) p.320.

23 ··· Tip 1. 왜 기도시간에 어린이들이 하나님의 음성을 들어야 하는가?

24 ··· Moberly, "To hear the master's voice: Revelation and spiritual discernment in the call of Samuel," p.459.

25 ··· T.W. Cartledge, (*Smith & Helwys Bible commentary: 1& 2 Samuel.* (GA: Smyth & Helwys, 2001), p.65.

26 ··· (시 61:2) 내 마음이 약해질 때에 땅끝에서부터 주께 부르짖으오리
니 나보다 높은 바위에 나를 인도하소서

27 ··· (대하 6:18, 21) [18]하나님이 참으로 사람과 함께 땅에 계시리이까 보
소서 하늘과 하늘들의 하늘이라도 주를 용납하지 못하겠거든 하물
며 내가 건축한 이 성전이오리이까 [21]주의 종과 주의 백성 이스라엘
이 이곳을 향하여 기도할 때에 주는 그 간구함을 들으시되 주께서
계신 곳 하늘에서 들으시고 들으시사 사하여 주옵소서

28 ··· (대하 6:34, 38-39) [34]주의 백성이 그 적국과 더불어 싸우고자 하여
주께서 보내신 길로 나갈 때에 그들이 주께서 택하신 이 성과 내가
주의 이름을 위하여 건축한 성전 있는 쪽을 향하여 주께 기도하거
든 [38]자기들을 사로잡아 간 적국의 땅에서 온 마음과 온 뜻으로 주
께 돌아와서 주께서 그들의 조상들에게 주신 땅과 주께서 택하신
성과 내가 주의 이름을 위하여 건축한 성전 있는 쪽을 향하여 기도
하거든 [39]주는 계신 곳 하늘에서 그들의 기도와 간구를 들으시고 그
들의 일을 돌보시오며 주께 범죄한 주의 백성을 용서하옵소서

29 ··· (마 6:6) 너는 기도할 때에 네 골방에 들어가 문을 닫고 은밀한 중에
계신 네 아버지께 기도하라 은밀한 중에 보시는 네 아버지께서 갚
으시리라

30 ··· W. R. Spear, *The theology of prayer* (MI: Baker Book House,
1979), pp.18-21.

31 ··· (살전 5:18) 범사에 감사하라 이것이 그리스도 예수 안에서 너희를
향하신 하나님의 뜻이니라

32 … (롬 1:9-10) [9]내가 그의 아들의 복음 안에서 내 심령으로 섬기는 하나님이 나의 증인이 되시거니와 항상 내 기도에 쉬지 않고 너희를 말하며 [10]어떻게 하든지 이제 하나님의 뜻 안에서 너희에게로 나아갈 좋은 길 얻기를 구하노라

33 … (빌 1:9-10) [9]내가 기도하노라 너희 사랑을 지식과 모든 총명으로 점점 더 풍성하게 하사 [10]너희로 지극히 선한 것을 분별하며 또 진실하여 허물없이 그리스도의 날까지 이르고

34 … (마 6:30-33) [30]오늘 있다가 내일 아궁이에 던져지는 들풀도 하나님이 이렇게 입히시거든 하물며 너희일까보냐 믿음이 작은 자들아 [31]그러므로 염려하여 이르기를 무엇을 먹을까 무엇을 마실까 무엇을 입을까 하지 말라 [32]이는 다 이방인들이 구하는 것이라 너희 하늘 아버지께서 이 모든 것이 너희에게 있어야 할 줄을 아시느니라 [33]그런즉 너희는 먼저 그의 나라와 그의 의를 구하라 그리하면 이 모든 것을 너희에게 더하시리라

35 … W. R. Spear, *The theology of prayer.* (Grand Rapids, MI: Baker Book House, 1979), pp.18-21.

36 … W. Grudem, *Systematic theology.* (Grand Rapids, MI: Zondervan Publishing House, 1994), p.167.

37 … (창 3:8-10) [8]그들이 그날 바람이 불 때 동산에 거니시는 여호와 하나님의 소리를 듣고 아담과 그의 아내가 여호와 하나님의 낯을 피하여 동산 나무 사이에 숨은지라 [9]여호와 하나님이 아담을 부르시며 그에게 이르시되 네가 어디 있느냐 [10]이르되 내가 동산에서 하나

님의 소리를 듣고 내가 벗었으므로 두려워하여 숨었나이다

38 ⋯ (행 2:33) 하나님이 오른손으로 예수를 높이시매 그가 약속하신 성
　　령을 아버지께 받아서 너희가 보고 듣는 이것을 부어 주셨느니라

39 ⋯ (행 10:35) 각 나라 중 하나님을 경외하며 의를 행하는 사람은 다 받
　　으시는 줄 깨달았도다

40 ⋯ C. Simeon, *Expository outline on the whole Bible: Hosea
　　through Malachi,* (Vol. 10). (Grand Rapids, MI: Zondervan Publish-
　　ing House, 1956), p.177.

41 ⋯ (눅 24:49) 볼지어다 내가 내 아버지께서 약속하신 것을 너희에게
　　보내리니 너희는 위로부터 능력으로 입혀질 때까지 이 성에 머물라
　　하시니라

42 ⋯ (요 14:16-18) [16]내가 아버지께 구하겠으니 그가 또 다른 보혜사를 너
　　희에게 주사 영원토록 너희와 함께 있게 하리니 [17]그는 진리의 영이
　　라 세상은 능히 그를 받지 못하나니 이는 그를 보지도 못하고 알지
　　도 못함이라 그러나 너희는 그를 아나니 그는 너희와 함께 거하심
　　이요 또 너희 속에 계시겠음이라 [18]내가 너희를 고아와 같이 버려두
　　지 아니하고 너희에게로 오리라

43 ⋯ (요 15:26-27) [26]내가 아버지께로부터 너희에게 보낼 보혜사 곧 아버
　　지께로부터 나오시는 진리의 성령이 오실 때에 그가 나를 증언하실
　　것이요 [27]너희도 처음부터 나와 함께 있었으므로 증언하느니라

44 ⋯ (요 16:7-15) [7]그러나 내가 너희에게 실상을 말하노니 내가 떠나가
　　는 것이 너희에게 유익이라 내가 떠나가지 아니하면 보혜사가 너희

에게로 오시지 아니할 것이요 가면 내가 그를 너희에게로 보내리니 [8]그가 와서 죄에 대하여, 의에 대하여, 심판에 대하여 세상을 책망하시리라 [9]죄에 대하여라 함은 그들이 나를 믿지 아니함이요 [10]의에 대하여라 함은 내가 아버지께로 가니 너희가 다시 나를 보지 못함이요 [11]심판에 대하여라 함은 이 세상 임금이 심판을 받았음이라 [12]내가 아직도 너희에게 이를 것이 많으나 지금은 너희가 감당하지 못하리라 [13]그러나 진리의 성령이 오시면 그가 너희를 모든 진리 가운데로 인도하시리니 그가 스스로 말하지 않고 오직 들은 것을 말하며 장래 일을 너희에게 알리시리라 [14]그가 내 영광을 나타내리니 내 것을 가지고 너희에게 알리시겠음이라 [15]무릇 아버지께 있는 것은 다 내 것이라 그러므로 내가 말하기를 그가 내 것을 가지고 너희에게 알리시리라 하였노라

45 ··· (행 1:4-5, 8) [4]사도와 함께 모이사 그들에게 분부하여 이르시되 예루살렘을 떠나지 말고 내게서 들은 바 아버지께서 약속하신 것을 기다리라 [5]요한은 물로 세례를 베풀었으나 너희는 몇 날이 못 되어 성령으로 세례를 받으리라 하셨느니라 [8]오직 성령이 너희에게 임하시면 너희가 권능을 받고 예루살렘과 온 유대와 사마리아와 땅끝까지 이르러 내 증인이 되리라 하시니라

46 ··· (행 2:33) 하나님이 오른손으로 예수를 높이시매 그가 약속하신 성령을 아버지께 받아서 너희가 보고 듣는 이것을 부어 주셨느니라

47 ··· R. D. Patterson, *The expositors Bible commentary with the new international version of the Holy Bible.* (Vol. 7). (Grand Rapids, MI: Zondervan Publishing House, 1985), p.257.

48 ··· F. Meyrick, Ezekiel-Malachi. In F. C. Cook (Ed.), *The Holy Bible with an explanatory and critical commentary.* (Vol. 11). (NY: Scribner, Armstrong & Co, 1876), p.511.

49 ··· J. P. Green, (Ed.) *The Interliner Bible: Greek English New Testament.* (Peabody: MA: Hendrickson, 1985), p.326.

50 ··· W. D. Mounce, (Ed.) *The analytical lexicon to the Greek New Testament.* Grand Rapids, MI: Zondervan Pub. House, 1993), p.446.

51 ··· Tip 5. 간절한 마음

52 ··· E. M. Bounds, *The complete works of E. M. Bounds on prayer.* (Grand Rapids, MI: Baker Books, 1990), p.188.

53 ··· '응답'이라는 단어는 '기도가 이루어짐'이라는 뜻으로 쓰였음을 밝힌다.

54 ··· (단 10:12-14) [12]그가 내게 이르되 다니엘아 두려워하지 말라 네가 깨달으려 하여 네 하나님 앞에 스스로 겸비하게 하기로 결심하던 첫 날부터 네 말이 응답 받았으므로 내가 네 말로 말미암아 왔느니라 [13]그런데 바사 왕국의 군주가 이십일 일 동안 나를 막았으므로 내가 거기 바사 왕국의 왕들과 함께 머물러 있더니 가장 높은 군주 중 하나인 미가엘이 와서 나를 도와 주므로 [14]이제 내가 마지막 날에 네 백성이 당할 일을 네게 깨닫게 하러 왔노라 이는 이 환상이 오랜 후의 일임이라 하더라

55 ··· (창 18:10) 그가 이르시되 내년 이맘때 내가 반드시 네게로 돌아오리

니 네 아내 사라에게 아들이 있으리라 하시니 사라가 그 뒤 장막 문에서 들었더라

56   ⋯ (왕상 18:36-38) [36]저녁 소제 드릴 때에 이르러 선지자 엘리야가 나아가서 말하되 아브라함과 이삭과 이스라엘의 하나님 여호와여 주께서 이스라엘 중에서 하나님이신 것과 내가 주의 종인 것과 내가 주의 말씀대로 이 모든 일을 행하는 것을 오늘 알게 하옵소서 [37]여호와여 내게 응답하옵소서 내게 응답하옵소서 이 백성에게 주 여호와는 하나님이신 것과 주는 그들의 마음을 되돌이키심을 알게 하옵소서 하매 [38]이에 여호와의 불이 내려서 번제물과 나무와 돌과 흙을 태우고 또 도랑의 물을 핥은지라

57   ⋯ R. D. Patterson, 1 & 2 Kings, 1 & 2 Chronicles, Ezra, Nehemiah, Esther, Job. (Rev. ed.). In F. E. Gabelein (Ed.), The *expositor's Bible commentary with the New International Version.* (Vol. 4). (Grand Rapids, MI: Zondervan, 1988), p.145.

58   ⋯ 이 경우에 응답은 기도가 어떤 일의 결과물로서 나타난 것을 뜻하는 응답이 아닌 질문에 구두로 '대답'하는 의미로 쓰여짐. 이 책의 주제인 대화의 기도는 응답이 대답의 형태로 이루어지는 것에 대하여 논의하는 것이다.

59   ⋯ H. B. Smith, *Science and prayer: Studies in communion and intercession.* (NY: Fleming H. Revell Company, 1924), pp.60-61.

60   ⋯ H. B. Smith, *Science and prayer: Studies in communion and intercession.* (NY: Fleming H. Revell Company, 1924), p.65.

61 ···H. B. Smith, *Science and prayer: Studies in communion and intercession.* (NY: Fleming H. Revell Company, 1924), pp.67-68.

62 ···R. W. De Haan, *Pray: God is listening.* (Grand Rapids, MI: Zondervan Publishing House, 1989), p.26.

63 ···응답은 『표준국어대사전』에 '부름이나 물음에 답함'이며, 답변은 '물음에 대하여 대답함'이라는 의미로 모두 대답한다는 같은 의미를 갖고 있으나 '응답'은 이루어진 어떤 것에 중요점을 두었다면 '답변'은 대답하는 그 자체가 답변이 된다고 할 수 있기에 문장의 맥락에 따라서 이해하기를 바란다.

64 ···R. W. De Haan, *Pray: God is listening.* (Grand Rapids, MI: Zondervan Publishing House, 1989), p.27.

65 ···(요 9:31) 하나님이 죄인의 말을 듣지 아니하시고 경건하여 그의 뜻대로 행하는 자의 말은 들으시는 줄을 우리가 아나이다

66 ···(약 4:3) 구하여도 받지 못함은 정욕으로 쓰려고 잘못 구하기 때문이라

67 ···(요일 5:14) 그를 향하여 우리가 가진 바 담대함이 이것이니 그의 뜻대로 무엇을 구하면 들으심이라

68 ···R. W. De Haan, *Pray: God is listening.* (Grand Rapids, MI: Zondervan Publishing House, 1989), p.28.

69 ···(고후 12:7-9) [7]여러 계시를 받은 것이 지극히 크므로 너무 자만하지 않게 하시려고 내 육체에 가시 곧 사탄의 사자를 주셨으니 이는 나를 쳐서 너무 자만하지 않게 하려 하심이라 [8]이것이 내게서 떠나가

게 하기 위하여 내가 세 번 주께 간구하였더니 [9]나에게 이르시기를 내 은혜가 네게 족하도다 이는 내 능력이 약한 데서 온전하여짐이라 하신지라 그러므로 도리어 크게 기뻐함으로 나의 여러 약한 것들에 대하여 자랑하리니 이는 그리스도의 능력이 내게 머물게 하려 함이라

70 ··· R. W. De Haan, R. W. (1989). *Pray: God is listening.* (Grand Rapids, MI: Zondervan Publishing House, 1989), p.30.

71 ··· B.T. Arnold, *The NIV application commentary: 1 & 2 Samuel.* (Grand Rapids, MI: Zondervan, 2003), p.86

72 ··· B. Hybels, *Too busy not to pray.* (Downers Grove, IL: InterVarsity Press, 1988), p.120.

73 ··· D. J.Williams, *New international Biblical commentary: Acts.* (Peabody, MA: Hendrickson Publishers Inc. 1990), p.276.

74 ··· A. Fernando, *Acts.* (Grand Rapids, MI: Zondervan, 1998), pp.432–443.

75 ··· Boyd, "The work of the Holy Spirit in prayer," p. 38–39.

76 ··· O'Brien, "Romans 8:26, 27: The revolutionary approach to prayer?" p. 67.

77 ··· O'Brien, "Romans 8:26, 27: The revolutionary approach to prayer?" p. 41.

78 ··· Boyd, "The work of the Holy Spirit in prayer," pp 40–41.

79 ··· E. M. Bounds, *The complete works of E. M. Bounds on prayer.* (Grand Rapids, MI: Baker Books, 1990), p.286.

80 ··· Liefeld, Prayer. In G.W. Bromiley (Ed.), *The international standard Bible encyclopedia.* (Grand Rapids, MI: William B. Eerdman Publishing Company, 1979), p.936.

81 ··· J. Bunyan, *How to pray in the Spirit.* (Grand Rapids, MI: Kregel Publications, 1991), p.89.

82 ··· Tip 6. 성령은 영의 깊은 곳까지 안다.

83 ··· E. H. Fox, *Christ is God's middle name.* (NY: Doubleday & Company, 1971), pp.63-66.

84 ··· Tip 7. 하나님 개념 형성 과정

85 ··· R. Goldman, *Religious thinking from childhood to adolescence.* (NY: The Seabury Press, 1964), pp.93-95.

86 ··· W. Hendricks, W. (1980). *A theology for children.* (Nashville, TN: Broadman Press, 1980), p.264.

87 ··· 성령을 인간의 두뇌로 다 이해할 수 없음을 인정한다. 하지만 추상적인 내용을 구체적인 방법으로 조금이라도 이해하도록 돕기 위하여 이 예를 들어본다.

88 ··· (요 3:16) 하나님이 세상을 이처럼 사랑하사 독생자를 주셨으니 이는 그를 믿는 자마다 멸망하지 않고 영생을 얻게 하려 하심이라

89 ··· Tip 4. 어린이들이 기도는 대화라고 고백하는 의미는?

90 ···Long, Elkind, & Spilka, "The child's conception of prayer," pp. 106.

91 ···R. Cole, *The spiritual life of children*. Boston, (MA: Houghton Mifflin Company, 1990), pp.75-77.

92 ···김영주, '기독교교육에 있어서 대화의 기도 가능성 연구: 9-12세 어린이를 대상으로' pp.214-237.

93 ···필자가 미국에서 2세를 대상으로 인터뷰한 것으로 인용 부분은 직역을 한 것이기에 다소 표현이 부자연스러울 수도 있음을 밝힌다.

94 ···Tip 2. 평생 지속되는 하나님의 한마디

95 ···실명은 모두 생략한다.

96 ···Tip 8. 그래서 어린이들에게 가르쳐야 한다.

97 ···대답한 6명의 어린이 중 12세 어린이가 2명, 11세 어린이가 3명, 9세 어린이가 1명으로 밝혀졌다.

98 ···Tip 10. 기독교교육의 힘

99 ···Tip 11. '대화의 기도', 교육의 힘

100 ···G. Grossmann, 『대화로서의 기도』. 하경택 역. (서울: 킹덤북스, 2013), p.8.

101 ···여기에 덧붙일 중요한 점은, 기도 시간에 하나님의 음성을 듣거나 하나님과 대화하는 것은 꼭 식별지식과 맞물려 진행되어야 한다는 점이다. 만일 분명히 하나님의 음성인지를 식별하는 부분이 미약하다면, 20세기 말 한국에서 어린이가 하나님의 음성을 들었다고 하

여 심지어 어른들이 그 어린이를 선지자로 취급하며 사이비 종말론 사태를 일으킨 것과 같이 교회를 혼란에 빠뜨리는 문제가 생길 수도 있다. 그러므로 하나님의 음성을 듣는 것도 필요하지만 그것이 정말 하나님의 음성인가를 식별해내는 작업도 필요한 것임을 강조하여, 말씀을 통하여 하나님의 성품과 뜻을 알아가는 교육과 하나님의 지혜를 추구하는 교육, 또한 많은 신앙 선조들의 식별 방법의 교육들이 대화의 기도 교육과 함께 어린이들의 눈높이에 맞추어 실시될 수 있도록 하여야 한다.

102 ⋯ 헬로교회는 필자가 2019년 5월 5일에 어린이 성도만 참석하는 교회를 시작하여 어린이 영성을 교육하며, 특히 하나님의 음성을 듣고 대화로 기도하는 영성 교육을 실시하고 있다.

103 ⋯ 이것은 인터뷰 보고서이며, 인터뷰를 전사하였기에 철자법이 맞지 않는 것도 있음을 밝힌다.

104 ⋯ 신의진, 『아이보다 더 아픈 엄마들』(서울: 랜덤하우스코리아, 2002), P.27.

105 ⋯ (대하 1:11-12) [11]하나님이 솔로몬에게 이르시되 이런 마음이 네게 있어서 부나 재물이나 영광이나 원수의 생명 멸하기를 구하지 아니하며 장수도 구하지 아니하고 오직 내가 네게 다스리게 한 내 백성을 재판하기 위하여 지혜와 지식을 구하였으니 [12]그러므로 내가 네게 지혜와 지식을 주고 부와 재물과 영광도 주리니 네 전의 왕들도 이런 일이 없었거니와 네 후에도 이런 일이 없으리라 하시니라

106 ⋯ 길고양이였다가 우여곡절 끝에 우리 집에 들어오게 된 것은 축복이

라는 의미로 이름을 '블레싱(Blessing)'이라고 지었다.

107 ··· Jack: 5학년 남자 어린이. 가명임

108 ··· Tip 9. 습관이 되면 얼마나 좋을까?

109 ··· (눅 22:39-41) [39]예수께서 나가사 습관을 따라 감람 산에 가시매 제자들도 따라갔더니 [40]그곳에 이르러 그들에게 이르시되 유혹에 빠지지 않게 기도하라 하시고 [41]그들을 떠나 돌 던질 만큼 가서 무릎을 꿇고 기도하여

110 ··· (렘 22:21) 네가 평안할 때에 내가 네게 말하였으나 네 말이 나는 듣지 아니하리라 하였나니 네가 어려서부터 내 목소리를 청종하지 아니함이 네 습관이라

111 ··· (히 10:25) 모이기를 폐하는 어떤 사람들의 습관과 같이 하지 말고 오직 권하여 그날이 가까움을 볼수록 더욱 그리하자

112 ··· (왕상 17:8-16) [8]여호와의 말씀이 엘리야에게 임하여 이르시되 [9]너는 일어나 시돈에 속한 사르밧으로 가서 거기 머물라 내가 그곳 과부에게 명령하여 네게 음식을 주게 하였느니라 [10]그가 일어나 사르밧으로 가서 성문에 이를 때에 한 과부가 그곳에서 나뭇가지를 줍는지라 이에 불러 이르되 청하건대 그릇에 물을 조금 가져다가 내가 마시게 하라 [11]그가 가지러 갈 때에 엘리야가 그를 불러 이르되 청하건대 네 손의 떡 한 조각을 내게로 가져오라 [12]그가 이르되 당신의 하나님 여호와께서 살아 계심을 두고 맹세하노니 나는 떡이 없고 다만 통에 가루 한 움큼과 병에 기름 조금 뿐이라 내가 나뭇가지 둘을 주워다가 나와 내 아들을 위하여 음식을 만들어 먹고 그 후에

는 죽으리라 [13]엘리야가 그에게 이르되 두려워하지 말고 가서 네 말대로 하려니와 먼저 그것으로 나를 위하여 작은 떡 한 개를 만들어 내게로 가져오고 그 후에 너와 네 아들을 위하여 만들라 [14]이스라엘의 하나님 여호와의 말씀이 나 여호와가 비를 지면에 내리는 날까지 그 통의 가루가 떨어지지 아니하고 그 병의 기름이 없어지지 아니하리라 하셨느니라 [15]그가 가서 엘리야의 말대로 하였더니 그와 엘리야와 그의 식구가 여러 날 먹었으나 [16]여호와께서 엘리야를 통하여 하신 말씀 같이 통의 가루가 떨어지지 아니하고 병의 기름이 없어지지 아니하니라

113 ⋯ Summer School: 미국에는 여름방학이 넉 달이어서 학교, 교회, 지역사회에서 7주 혹은 10주 동안 여름에 학교를 만들어 어린이들을 하루 종일 돌보는 프로그램을 운영하는데, 교회에서 하는 여름학교에는 교회학교 학생이 아니더라도 등록할 수 있다.

114 ⋯ (엡 5:18) 술 취하지 말라 이는 방탕한 것이니 오직 성령으로 충만함을 받으라

115 ⋯ Tip 12. 하나님의 말씀은 재미있다.

얼라들도 들을 수 있다